生まれてきてくれてありがとう!

パパ1年生

PaPaGuideBook

安藤哲也 Tetsuya Ando
+ファザーリング・ジャパン【編著】

かんき出版

はじめに

10歳くらいの思春期の頃、元ビートルズのジョン・レノンのアルバムと出会って、「ラブ&ピース」の世界に魅了されました。ジョンは息子のショーンが生まれたあと、ハウスハズバンド（専業主夫）を宣言して音楽活動を休止し、5年間子育てに専念しました。ジョンは理想の父親像として、僕の意識の中に深く刻み込まれたのです。

ところが、社会人になってからの僕は仕事ばかりして、そんな昔の思いを振り返ることはありませんでした。「男は仕事、女は家庭（家事）」なんて古い価値観に縛られていて、妻の思いにちゃんと応えられていない自分がいたのです。

そんな僕が35歳のとき、娘が生まれて、いきなり僕の「パパスイッチ」が入りました。この子と一緒にいられる時間を、少しでも多くもちたい――。心からそう思ったのです。

そして仕事を調整し、時間をつくって、子どものお世話や家事を、前のめりになってやり始めました。時間と経験を積み重ねることで、パパとしての自覚がどんどん増して、僕に対する

奥さんの評価もアップしたように思います。

最初から育児に対して不安に思う必要はありません。生まれてきた子どもが0歳なら、パパになるあなたも0歳です。前向きに育児に取り組み、ともに育っていけばいいのです。今では3児のパパである僕だって、完全にパパとしての自覚が備わるまでに3年もかかりました。

子育てはファンタスティックな体験です。おむつを替えたり、ご飯を食べさせたり、大泣きする子に対応したり……。大変なことや困ることも多いですが、1つひとつの体験がとても新鮮で、今まで味わったことがない、楽しい体験ばかりです。

本書は、妊娠・出産～3歳頃までが対象です。育児は3歳までが一番大変ですが、それまでしっかり子どもと向き合って過ごせば、その後の親子関係がとてもうまくいきます。

子どもを育てることは、僕たちの未来をつくること。こんなすてきな仕事は、他にないと思います。親子で笑い合いながら、子育てを思う存分、楽しみましょう！

NPO法人ファザーリング・ジャパン　代表理事　安藤哲也

Love & Peace

Contents
パパ1年生

Part 1

子どもが生まれるまでに
しておくべきこと

Contents

Part 2

子どもが生まれたら、
まずやってみること

Part 3

「子どもとパパの時間」のつくり方

Member

編集・執筆協力　髙祖常子（育児情報誌「miku」編集長）
小﨑恭弘（神戸常盤大学・神戸常盤大学短期大学部幼児教育学科准教授）
マンガシナリオ　青木健生
マンガ作画　幸田廣信
執筆協力　東浩司　日丸邦彦（DAD-WAY）　鈴木俊

カバーデザイン　井上新八
本文デザイン　新田由起子（ムーブ）
本文イラスト　近藤智子
※本書は2012年1月時点のデータに基づいています。

Contents

Part 4

パパと会社＆社会との付き合い方

on !

Papa switch

自分が父親になる?
そんなことは、
まだ遠い先の話だと思っていた。

でも、最初の子の妊娠がわかったとき、
いきなり、僕の「パパスイッチ」が入った。
そして、生まれる前から絵本を100冊買って、
誕生を心待ちにしていたんです。

「子育てにいっぱい関わっていくと、
僕の人生はもっともっと
面白くなるに違いない!」
そう予感したんです。

あなたは、
どんなパパになりたいですか?

Part 1

子どもが生まれるまでにしておくべきこと

僕は毎日、奥さんの様子をみている。
常に「みている」ことで
やってあげたい気持ちが生まれ、
自然に楽しく家事がこなせるのです。
奥さんだって、その僕の気持ちを
ちゃんとわかってくれて、
心からの「ありがとう」をくれる。
それがまた次につながるのです。

マンガの登場人物紹介

沢村和人《さわむらかずと》 (30)

都内の中堅メーカーに勤める営業マン。
合コンで知り合ったみずきと3年間の交際ののち、昨年結婚。
手先が器用で、一度何かにハマると凝りがち。

沢村たから (0)

和人とみずきの間に生まれた長女。

沢村みずき (28)

都内のコンピューターメーカーの事務職。
和人と結婚後も働いていたが、
妊娠を機に退職。
マジメで気が強い。

武川健吾《たけかわけんご》 (37)

和人の会社の営業部の先輩。
大学までラグビーをやっていたので体格がよい。
3人の子どもを育てるよきパパ。

今村 充《いまむらみつる》 (30)

和人の近所で暮らす、アパレルメーカーの社員。
一見チャラい感じだが、気配りの人。
たからと年が近い男の子がいるパパ。

※年齢はEpisode1時点のもの

Episode 1

「いつか」が来た!!
トラグエの新作GET~♡
よっしゃー!
ピッグカメラ
明日は土曜《やすみ》! 今夜は徹夜だなこりゃ~!
沢村和人(30)
ただいま~
おかえり和人
沢村みずき(28)

帰ってたんだね！
最近忙しいんじゃなかったの？
そうなんだけど…
ど、どしたの？
何かあった？
実は…
コ
ト
に…
に…
妊娠したぁ〜!?
マジっすか!?
コクリ

まだ結婚して1年経ってないんだよ？
いや〜
おめでとーー！
あ〜ん！
もっと新婚生活楽しみたかったのにぃ
ずーん
和人…
子どもができてうれしくないんだ…
あ、いや…
ずずーん
そーゆーわけじゃないんだけどさ…
あたふた
正直パニクるよぉ
だって俺なんかがいきなり親になるなんてさぁ…
心の準備ってもんがさぁ…
ポロ。

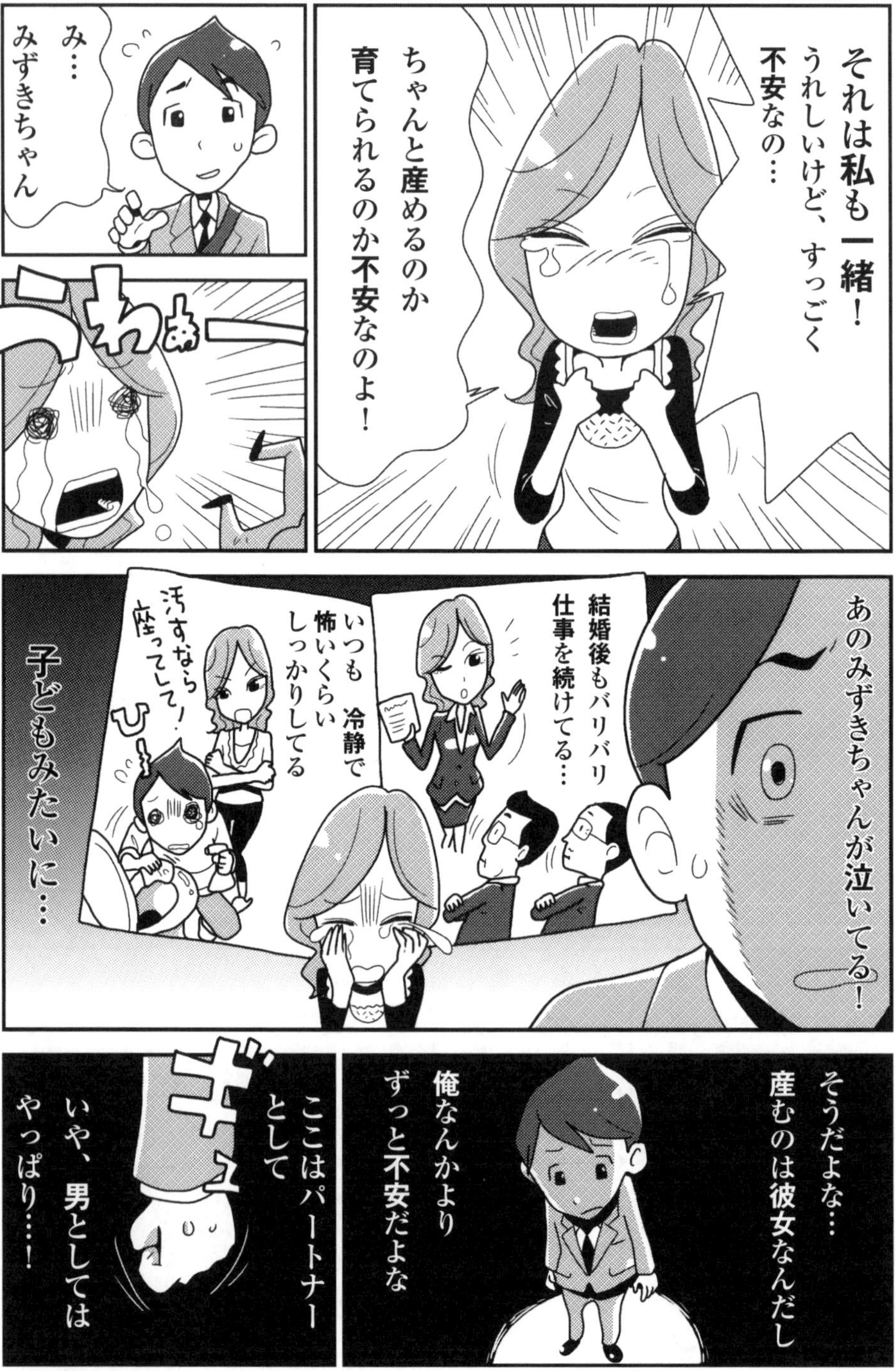
それは私も一緒！
うれしいけど、すっごく不安なの…
ちゃんと産めるのか
育てられるのか不安なのよ！
み…
みずきちゃん
うわぁー
あのみずきちゃんが泣いてる！
結婚後もバリバリ仕事を続けてる…
いつも　冷静で
怖いくらい
しっかりしてる
汚すなら座ってして！
ひー
子どもみたいに…
そうだよな…
産むのは彼女なんだし
俺なんかより
ずっと不安だよな
ギュ
ここはパートナーとして
いや、男としてはやっぱり…！

みずきちゃん泣かなくていいよ
ビシッ
うるさい!
痛ッ!
俺が全力でみずきちゃんを支えるから!
いつかは子ども欲しかったわけだし
その「いつか」が早く来ただけなんだから、ね!
俺も早く頭を切り替えて
いいパパになれるよう頑張るよ!
和人!
ギュッ
はうっ
ギュッ
彼は果たして本当に――
みずきちゃん玄関でそーゆーのはちょっと
そーゆーのじゃないわよ!
いいパパになれるのか!?

「赤ちゃんができたかも……」っていわれたら？

まずは笑顔をみせよう！

あなたは、愛する人から「妊娠したかも……」と告げられたとき、どんなリアクションをするでしょうか？

多くの男性は、「うれしい！」と心から思うそうです。

でも、予想外の妊娠だったら、最初はびっくりしてしまう人もいるでしょう（和人のように）。

そういうとき、「えっ！」とたじろいでオロオロしてしまい、とっさに喜びの言葉が口から出てこないかもしれません。たとえ、奥さんを心から愛しているとしても。

しかし、いつまでも途方に暮れていてはダメです。

なぜなら、同じく奥さんも、妊娠という事実と、自分の体の中の変化に戸惑っているからです。そして、パパとなるあなたが、

- **妊娠という事実をちゃんと受け入れてくれるか**
- **一緒に不安を乗り越え、赤ちゃんと会える日を楽しみにしてくれるか**

をとても心配しているからです。

妊娠とは?

1億〜2億個の精子の中から選ばれたたった1つの精子が、卵管の中にいるたった1つの卵子と出会って、「受精卵」となります。そして、受精卵は約1週間かけて子宮にたどり着き、子宮にうまく着床できたとき、「妊娠した」といいます。奥さんが妊娠に気づいたときは、すでにお腹の中で、赤ちゃんは成長を始めているのです。

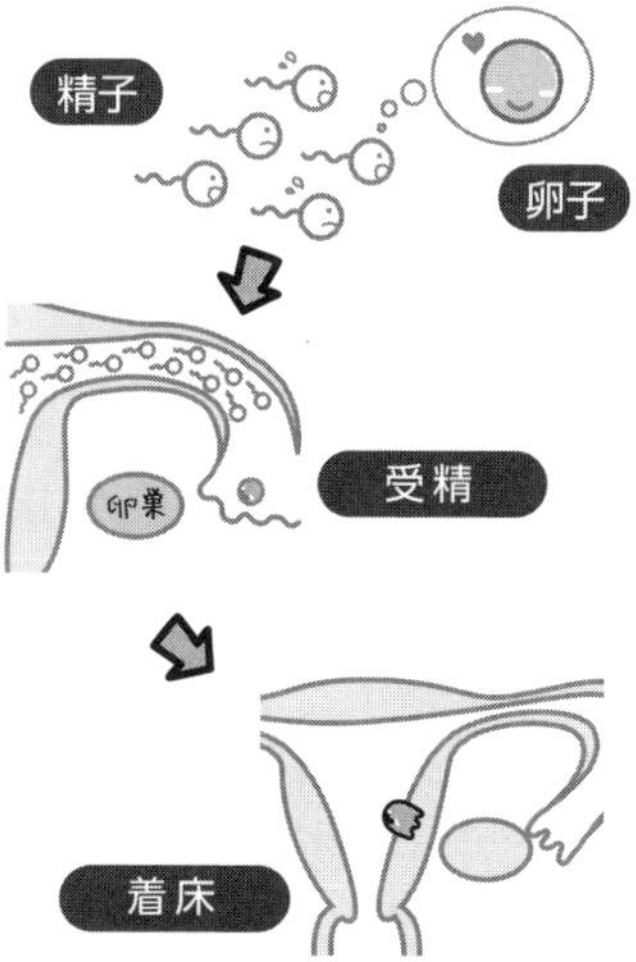

ですから、妊娠を告げられたあなたは、そんな複雑な気持ちをきちんと受け止め、**喜びにあふれた笑顔をみせましょう**。そうすることで、奥さんの心は落ち着きます。

すてきな妊娠・出産ライフは、「赤ちゃんができたこと」を、パパとなるあなたが笑顔で受け入れることから始まるのです。

産婦人科に一緒に行こう

妊娠検査薬で妊娠判定が出たら、奥さんは病院の産婦人科を受診して、妊娠しているかどうかを、医師に診断してもらう必要があります。

この最初の産婦人科の診断には、女性が1人で出かける場合が多いそうです。でも一方で、多くの女性は、「初めての産婦人科に1人で行くのは心細い」と思っているそうです。

妊娠検査薬って何？

妊娠検査薬は薬局やドラッグストアで購入でき、妊娠しているかどうかを手軽に確認できます。スティック（棒）状の検査薬に女性が尿をかけると、スティックの色が変化して判定できるものが主流です。判定が陽性なら「妊娠」、陰性なら「非妊娠」となります。

ただし、妊娠検査薬の判定が陽性となったとしても、確実に妊娠しているかどうかはわかりません。だから、陽性の判定が出たら、まずは産婦人科にかかって、医師の診断を受ける必要があります。

そこで、あなたが奥さんから妊娠検査薬の妊娠判定を告げられたあと、「産婦人科に行く」といわれたら、「一緒に行こうか？」と伝えてみてはどうでしょうか。

もし、「1人で行きたい」というなら、無理についていく必要はありません。でも、「じゃあ、私と一緒に来て」といわれたら、ぜひ同行しましょう。

愛する人の不安な心を支えてあげられるのは、夫のあなたしかいないのです。

妊娠期間中、ママの体はどう変化していく？

赤ちゃんの成長を奥さんと一緒に確認しよう

最愛の奥さんが、お腹に赤ちゃんを抱えて頑張っています。あなたも、赤ちゃんの命が奥さんの胎内で育《はぐく》まれていることを想像してみてください。そして、妊娠という出来事を奥さんと分かち合い、赤ちゃんと会える日を楽しみにしましょう。

昔から、妊娠期間は「十月十日《とつきとおか》」といわれているように、赤ちゃんは妊娠の約10カ月後に生まれます。外見上、ママの体にまったく変化がないのも最初のうちだけ。赤ちゃんは、ママのお腹の中でグングンと成長していきます。妊娠5カ月ともなると、お腹のふくらみはかなり目立ってきます。

妊娠がわかったママは、定期的に産婦人科で「妊婦健診」（↓P42）を受けます。妊婦健診には、パパもなるべく同行しましょう。「奥さんにお願いされたから、仕方なくついていく」という消極的なパパも結構いるようです。でも、お腹の中の赤ちゃんはあなたと奥さんの2人の子どもです。**「赤ちゃんの成長を一緒に確認する」**という積極的な気持ちで行くと、あなたの気持ちが伝わって、奥さんも幸せに思うでしょう。

妊娠期間について

▼妊娠1～2カ月

1カ月は、ママの自覚症状がほとんどありません。2カ月で、月経（生理）の遅れから、ママが妊娠に気づくことがよくあります。

2カ月の頃、だるい、微熱がある、むかむかする、においに敏感になる、吐いてしまうといった「つわり」の症状が出始めるママもいます。

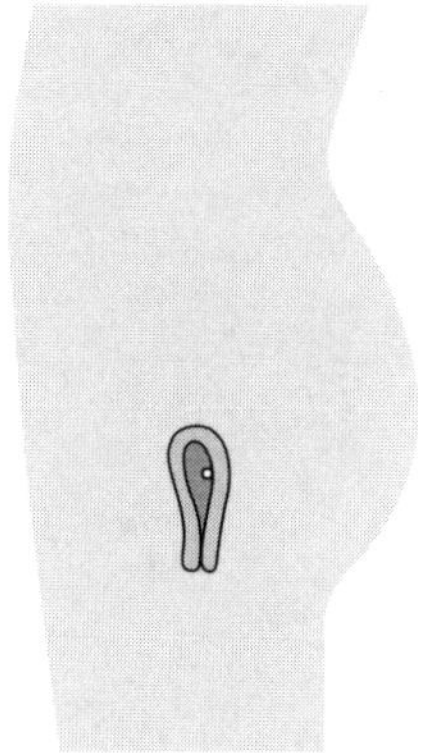

▼妊娠3〜4カ月

つわり（→P31）がピークの時期です。ママにとってつらい時期ですから、食べたい物を優先的に食べてかまいません。産婦人科の超音波（エコー）検査でみると、お腹の中の赤ちゃんは、心臓の鼓動がかなりしっかりしてきたことがわかります。

妊娠4カ月になると、子宮内で胎盤が完成します。胎盤とは、赤ちゃんとママの間で、酸素や栄養の交換を行うとても重要な器官です。この頃、赤ちゃんはママのお腹の中で羊水（子宮内で赤ちゃんを包んでいる水分）を飲んだり、おしっこをしたりしています。

▼妊娠5〜6カ月

お腹が少しずつふくらみ始めます。6カ月頃になると、ママは胎動（胎内の赤ちゃんの動き）を感じることができます。この時期になるとつわりが終わり、体調が安定する「安定期」に入ります。

ママの体調がよければ、軽い有酸素運動をすると体によいです。ママと一緒に、公園などで散歩をするのがおすすめです。ただし、過度な運動は、腰や背中に負担がかかって筋肉痛になったり、血行が悪くなることもあるので注意が必要です。また、事前に産婦人科の医師に相談のうえで、小旅行に連れて行ったりすると、ママの気分転換になるでしょう。

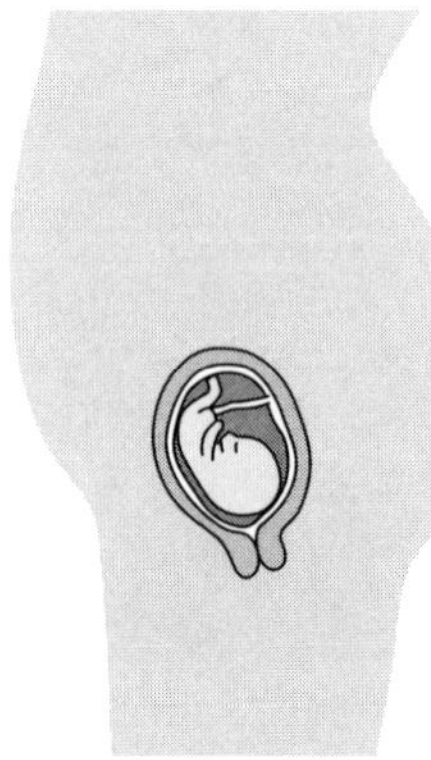

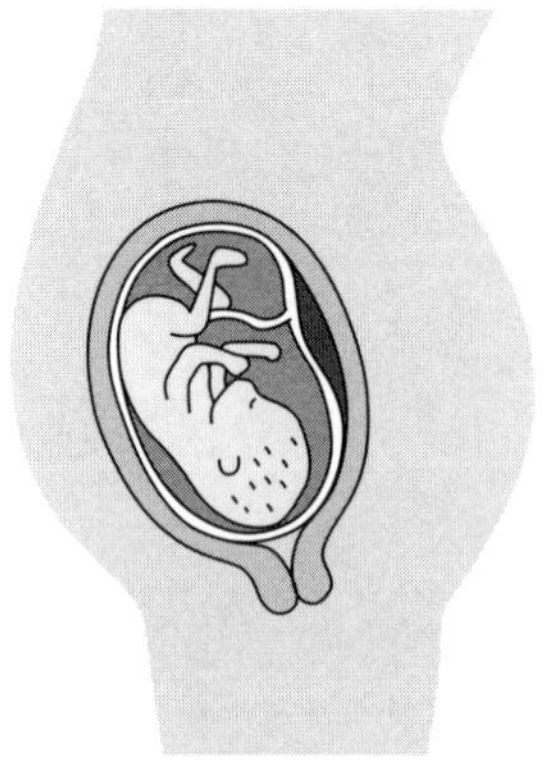

▼妊娠7～8カ月

この頃、赤ちゃんは羊水の中で、クルクルと泳ぎ回るようになります。聴覚や視覚が発達して、外の声が聞こえたり、外からの強い光に反応するようになります。この時期以降、お腹の赤ちゃんにたくさん話しかけてみましょう。ママのお腹に手を当てると、パパも胎動を感じることができます。

▼妊娠9～10カ月

いよいよ出産間近です。入院する際の持ち物をママと一緒に準備しておきましょう。急に入院、となった場合のシミュレーションもしておいてください。この時期、妊婦さんは大きなお腹を支えるために、足の付け根に負担がかかったり、お腹の張りを頻繁に感じることもあります。ママの体をいたわって、パパが家事などを積極的にやってあげましょう。

10カ月になると、赤ちゃんは、いつ生まれても大丈夫なくらい成長しています。そして、ママが「おしるし」と呼ばれる、出産の兆候を示す出血があったり、陣痛（定期的な痛み）が始まったら、出産のスタートです。

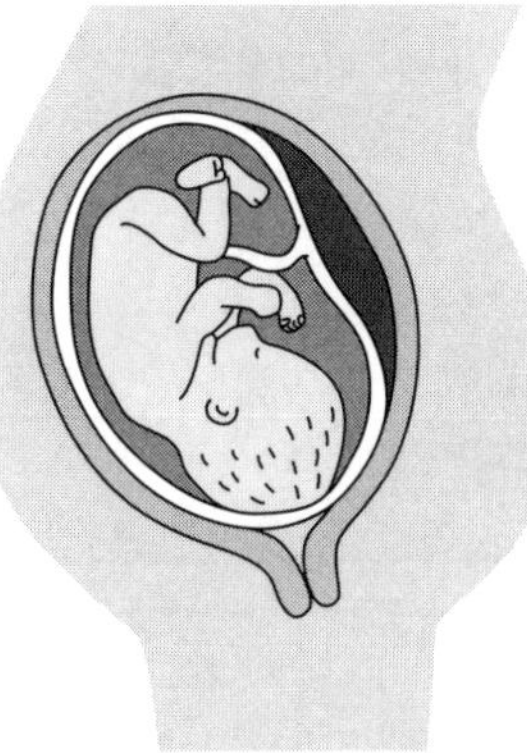

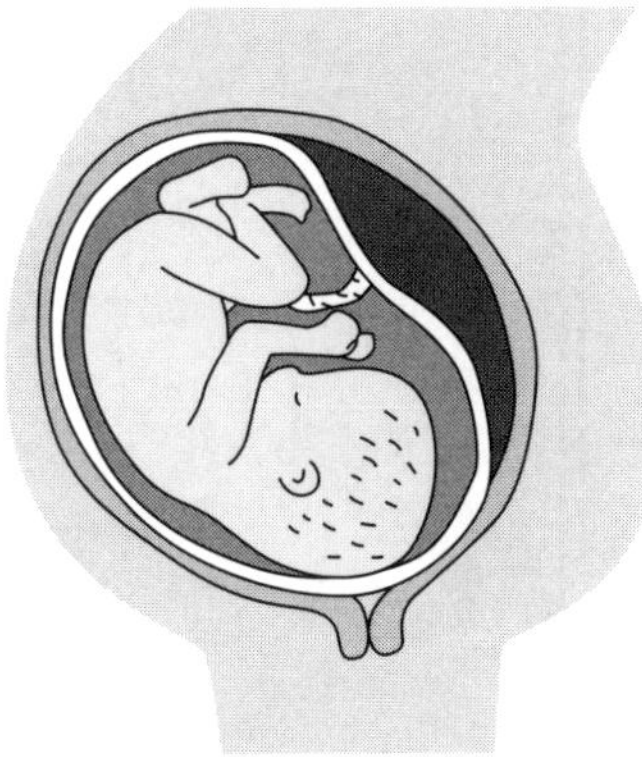

Episode 2

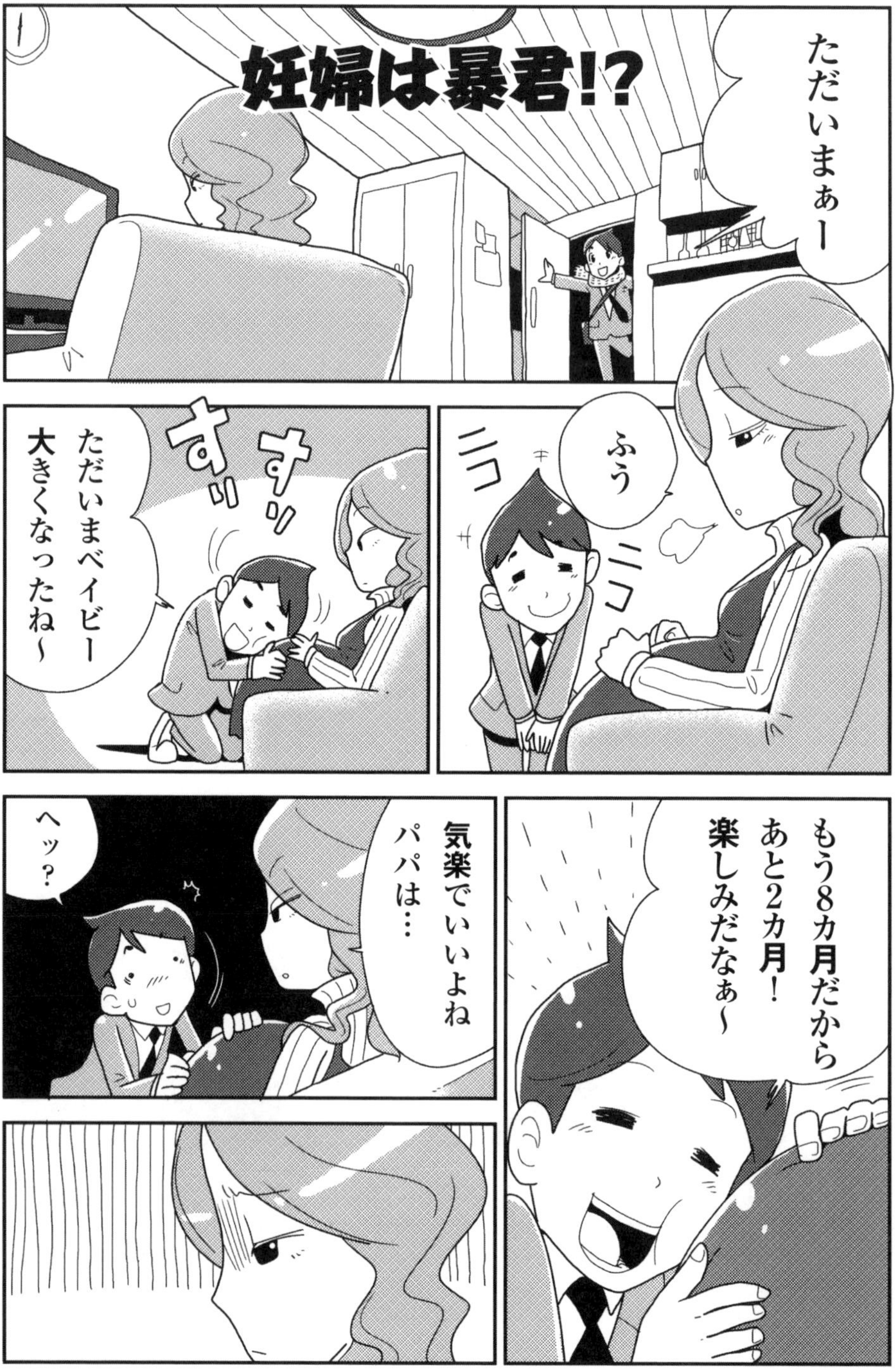

妊婦は暴君!?
ただいまぁー
ニコ
ふう
ニコ
すり
すり
ただいまベイビー
大きくなったね～
もう8カ月だから
あと2カ月!
楽しみだなぁ～
気楽でいいよね
パパは…
ヘッ?

つわりがあんなにつらいとは
思わなかったしー
オエーッ!
赤ちゃんが大きくなるたび
動くのはつらくなるしー
ふぅ
ふぅ
はぁ…
何で妊婦だけが
こんな目に…
イライラ
してきたぁ～
いつになったら
夕食できるの?
ぐいー
だってまだ
帰った
ばっかだし
おなか
すいてるん
だけど!?
ハイ!
ふぅ…
トントン
そういえば
武川さん
いってた
よなぁ
妊婦期は心が
不安定に
なるんだぞ…
武川健吾(37)
でも…少しはほめてほしいよな
こうして定時に帰るのだって
大変なんだよ?

たくさんのイヤミや冷たい視線
浴びなきゃいけないし――
アレ？沢村もう帰るの？
いや…あの…
コソッ
早く帰ってやれ！
そこ段だから気をつけてね！
ヨタ ヨタ
休日は体も心もこもりがちな
君を散歩に連れ出したり――
むくみがちな足もマッサージしたり――
もう！そこツボじゃないって！
ギュッ ギュッ
子どもが生まれたら楽に――
いや、ありえない
ああベイビー！
君も俺を酷使する気かい？
ガクッ
！
え？
ちょっとどうしたの？
大丈夫――
ZZZZ…
和人…

パチ
ん…
あれ？いつの間に床で…!?
ヤバイい…怒ってる!?
あ…みずきちゃん朝食は俺が…
ジュー
いいのよ和人今日は私がやる！
妊婦もたまには動かないとね
でも君と赤ちゃんに何かあったら…
和人にも何かあったら困るもん！

和人いつも
私たちのために
頑張ってくれてアリガト！
みずきちゃん
でもムリしないで！あんな寝オチみせられたら、ますます不安になっちゃう
いや～ゴメン！
でもよかった～！
妊婦も他人に優しくできるもんなんだ！
イラ
あ…失言…だったかナ？
さっさと会社に行く！会社にー！
ハ、ハイー！

体や心の様子が変化するママをいたわろう

つわりは、2人で協力して乗り越えよう

パパとなるあなたが最初に越えるべきハードルは、ママの「つわり」です。つわりは、妊娠2カ月後半〜妊娠4カ月頃に起こる症状です。つわりの期間や症状の重さには、個人差がかなりあります。

たとえば、「食べづわり」には、食べ続けていないと気持ちが悪くなる、食べ物の嗜好《しこう》が変わる、特定の食べ物ばかり食べたがる、特定の食べ物しか食べられないといった症状があります。

また、「においづわり」は、においに対して極端に敏感になる症状です。特定のにおいが気持ち悪いというママは、できるだけそのにおいから離れて生活するしかありません。

つわりがひどいと、料理ができなくなります。その場合、パパが料理をつくりましょう。「今まで料理なんてしたことがない」なんてパパも、これを機会に料理を覚えてみると、自分の世界が広がります。それに、「男の手料理」ができるパパって、格好いいですよね。

最初、ママは赤ちゃんができてうれしそうにしていたのに、急に「なんで私だけ、こんなにつらい思いをしなくちゃいけないの！」なんて怒り出すこともあります。あなたは、自分のせいではないのに、とんだとばっちり（？）を受けたと感じることもあるかもしれません。

でもここで、「僕にはどうしようもないだろ！」などと突き放してはいけません。ママがつらい時期こそ、支えてあげるのが夫婦です。「赤ちゃんが一生懸命成長している証拠だね」「君だけにつらい思いをさせちゃってごめんね」といった言葉をかけてあげると、ママの心も落ち着くでしょう。

つわりを和らげるためには、気分転換をするのが効果的です。たとえば、映画をみに行ったり、景色のよいところまでドライブしたりするなどして、リフレッシュしましょう。

つわりの時期は、パパは**ママとしっかりコミュニケーションをとり、家事を分担し、気分転換のため外に連れ出すなどで、協力して一緒に乗り切る**ことが大事です。

妊娠初期には、ママの心の不安が大きくなる

妊娠初期、ホルモンバランス変化の影響を受けて、精神的に不安定になるママもいます。そうならなくても、初めての妊娠・出産はわからないことだらけです。体の変化、つわり、お腹の赤ちゃんの様子、陣痛や出産、生んだあとにちゃんと育てられるか――。いろいろな悩みを抱えて、不安でいっぱいのママもいます。

妊娠期間を母子ともに健康に過ごすためには、

・ママが妊娠を前向きに捉える
・パパをはじめとする周囲の人たちがママを温かく受け入れる

ことがとても大切です。

妊娠期間を前向きな気持ちで過ごすと、出産のときに、「赤ちゃんと一緒に頑張ろう」という前向きなお産へとつながり、安産になりやすいのです。

妊娠期間、パパはできるだけ、ママとゆっくり会話する時間をとって、不安や心に引っかかっていることを聞き出してあげましょう。不安な気持ちを吐き出すことで、ママの不安が和らぐことが多いのです。

自分なりの育児と家族像について
じっくり考えよう

家族が生まれると、あなたの世界は大きく広がる

子どもを授かったことを機会に、**「自分はどんな家族をめざしたいか」**について、じっくり考えてみてはいかがでしょうか。

家族がいる人生は、自分1人だけで生きる人生よりも、ずっと豊かで幸せなものです。人生における喜びは、一緒に喜んでくれる家族がいることで、何倍にもなります。逆に、人生における悲しみは、家族で分け合うことで、小さくすることもできるでしょう。

また、子どもと一緒に遊んだり、日々の成長を間近で見続けることで、あなたの人生経験は、より豊かに大きく広がっていきます。

逆にもし、パパが自分の仕事ばかりにかまけて、家のことは何でもママに任せっきりに

していたら、家庭内のコミュニケーションが不足し、家族が精神的にバラバラになってしまう可能性があります。

一度きりの人生です。せっかく「家族をもつ」ことを選択したのですから、愛する奥さん、授かった子どもと一緒により楽しく暮らすために、自分は何をすべきか、それをどう実現させていくか、じっくり考えてみましょう。

育児休業をとるか、日々の働き方をコントロールしよう

奥さんの妊娠中から前もって、**「育児のために仕事との両立をどうするか」**を考えておきましょう。

育児休業法では、子どもが満1歳になるまで、育児休業を取得することが認められています。最近では、数週間程度の育児休業を取得するパパをよくみかけます。

でも、何が何でも育児休業を取得すべきだ、というわけではありません。仕事の都合で、数週間にわたって育児休業を取得することが難しいパパも多いでしょう。

そこで、来るべき育児に備えて、次のような選択肢をあらかじめ検討しておきましょう。

- ママと赤ちゃんが退院したあと、数日〜2週間だけ育児休業をとる（有給休暇を充てる

方法もある）

- 定時に退社して早めに帰宅する曜日を決める
- 会社の勤務時間が柔軟（フレックス制など）なら、朝に家事をして遅めに出社する
- 自宅と職場が近いなら、夕方の赤ちゃんの沐浴時間に、いったん仕事を抜けて帰宅する
- 実母や義母などに育児のサポートを頼む
- 自治体の育児支援制度を利用する

夫婦共働きの場合は、出産前までに左の図の6項目を決めておいたほうがよいでしょう。そして、決めた項目にもとづいて、出産前・出産後の育児スケジュール表を作成してみましょう。その後、パパとママの細かいスケジュールも書き加えます。

ただし、あなたが育児休業を取得する場合、休業期間はあくまでもあなたの家の希望です。会社の都合もありますから、職場の上司・同僚とよく相談しながら、スケジュールを組み立てていきましょう。

夫婦共働きの場合に決めること

6項目を決める

① ママはいつから産休に入るのか
② 育児休業をいつまでとるのか
③ いつ職場復帰するのか
④ 子どもをいつから保育園に預けるのか
⑤ どこの保育園に預けるのか
⑥ 保育園の手続きはいつするのか

▼

出産前・出産後のスケジュール表を作成する

▼

パパとママの細かいスケジュールを書き加える

仕事のスタイルを見直し、周囲を味方につけよう

職場の理解を得るためにはどうしたらいい？

ママが1人で頑張りすぎないためにも、**妊娠中から一緒に家事をする生活リズムをつくる**努力をしましょう。出産前にこのリズムを確立できれば、出産後の育児時間・家族時間の確保にもつながります。

家庭で過ごす「家時間」を確保するためには、会社にいる時間を短くする必要があります。これまでの仕事のムダを見直し、もっと効率的で、メリハリをもった仕事の進め方ができないか、と常に意識することが大事です。

たとえば、出社したら朝一番で、今日やるべき仕事の優先順位をつけて、仕事を効率的

に片付けていく。これは、週単位・月単位の長いスパンで行うと、より効果的です。

一方で、職場の理解を得る必要もあります。それには、**奥さんの妊娠を「公言」すること**がなにより大事です。

「自分も妻と一緒に育児をしたい」というあなたの思いを、同僚や上司にアピールします。そうすることで、「育児への理解の空気」を職場につくっていくのです。


ただし、一方的な態度で理解を要求するのは間違いです。たとえば、仕事上の付き合いしかない上司に対して、勤務時間中にいきなり、「妻が妊娠しました。週4日は、定時に帰ります」と一方的に宣言したとすると、おそらく顰蹙《ひんしゅく》を買ってしまうでしょう。

そうではなく、**常日頃から、上司・先輩・同僚とのコミュニケーションをこまめにとり、それとなく育児への積極性をアピールしていく**とうまくいきます。

たとえば、ランチや飲み会などで、「○月○日が出産予定日なんですよ」「できるだけ自分も育児、したいんですよね～」など、さりげなく自分の考えを周囲に伝えます。

そのうえで、自分の仕事と生活のスタイルや時間の使い方を周囲に示していくのです。

たとえば、「○日は妻の誕生日なので、早く帰ろうと思います」などと宣言します。そして、その時間を編み出すために、段取りよく仕事をこなしていったり、ムダなダラダラ残業をせずに、仕事が終わったらきっぱり帰る姿勢をみせるのです。

そうすることで、あなたの出産・育児に対する取り組みが本気であること、そのために努力をちゃんとしていることを、周囲も認めてくれるようになっていきます。

あなたが立ち会い出産（↓P56）の休暇や、育児休業（↓P35）を取得するには、次のような手順を踏んで進めていくと、職場の理解を得られやすいでしょう。

①家の事情を同僚や上司に情報開示する

上司に奥さんの妊娠を正式に伝えたあとも、ランチや飲み会などの機会に、妊娠の経過やあなたの家庭の状況を定期的に伝えます。

ちなみに、これは子どもが生まれたあとも続けます。たとえば、「○日は子どもの誕生日なんですよ」「○月○日は運動会があるんです」という感じで。

会社のイベントなど、機会があれば、奥さんや子どもを同行して、同僚や上司に子どもの成長をみせることをおすすめします。そうすることで、職場の理解と協力を得ることがよりスムーズになるでしょう。

②自分が休んでも、職場に迷惑がかからないしくみづくりをする

出産休暇や育児休業は、短くて数日間、長いと数週間〜数カ月の長期間になります。長期の休みに入る前に、自分がいないことで会社業務がとどこおらないしくみをつくります。

たとえば、チームで仕事を動かしている場合、仕事内容を共有化するしくみをつくることで、他の人でもあなたの仕事を動かせるようになります。これは、自分ばかりでなく、同僚にとっても会社にとってもメリットになります。

③育児休業期間も、会社と情報交流する手段をもっておく

休業期間中、会社からの情報が急に途絶えてしまうと、「復帰後、ちゃんと仕事に戻れるのだろうか」と不安になるかもしれません。

また、復帰後、あなたへの引き継ぎや状況説明に手間がかかるなら、会社からみて「使いにくい人」になってしまう可能性もあります。

対策として、メーリングリストに入れてもらったり、共有サーバーにアクセスできるようにするなどして、育児休業中でも、自宅から必要最低限の情報交流が会社の人とできるように、前もって準備しておくと安心です。

妊婦健診に同行し、両親学級・パパ講座に参加しよう

どのくらいの頻度で妊婦健診に通う？

ママは、お腹の赤ちゃんの成長や自身の健康状態の確認のため、定期的に妊婦健診に通います。ママの健康状態や産院によっても異なりますが、だいたい次のような頻度で産婦人科に通います（妊娠初期は、産院によっては、健診は4週間に1回の場合もあり）。

- 妊娠初期〜妊娠12週頃……2週間に1回
- 妊娠13週〜妊娠23週頃……4週間に1回
- 妊娠24週〜妊娠35週頃……2週間に1回
- 妊娠36週〜出産前……1週間に1回

健康な妊婦さんの場合、妊婦健診は健康診断という位置付けで、保険が適用されません。

そのため、健診費用は自己負担となります（一部保険適用される内容あり）。ただし、市区町村の助成制度があります（P47参照）。

定期健診にちゃんと通うことは必須です。なぜなら、未受診のまま出産を迎えるのはとても危険だからです。たとえば、出産時に、医師や助産師がママの既往症（以前かかったことがある病気）や、赤ちゃんの成長経過などの情報を把握していないと、何かトラブルがあったときに、処置が遅れるなどの原因になります。

妊婦健診で赤ちゃんの様子がみられる

仕事を調整して、できるだけ妊婦健診に同行しましょう。仕事を抜けられないなどの理由から、毎回は無理かもしれません。でも、**同行してくれるとママはとても安心します。**

健診に行くと、お腹の赤ちゃんの様子を、超音波（エコー）を使ってみせてもらえます。エコーでみる赤ちゃんは、人間らしい形を整える妊娠4カ月以降になると、心臓がポコポコと脈打ち、パタパタと手や足を動かしたりしています。赤ちゃんの生命の力強さを実感でき、「もう、家族の一員なんだ」という思いが強くなるでしょう。

健診に同行する際は、次のことを頭に入れておきましょう。

・待合室は妊婦さんが最優先

もし室内が混んでいたら、妊婦さんに椅子をゆずってあげてください。

・タバコは我慢、が鉄則

喫煙するパパでも、病院の建物横などでタバコを一服、は禁止です。タバコのにおいは、つわり中の妊婦さんたちに迷惑をかけます。

・育児情報を収集する

待合室で待っている間、ボーッとしていてはもったいない。産婦人科の待合室は、妊娠・出産・育児の情報の宝庫です。たとえば、育児雑誌や、ベビー用品のレンタルカタログ、地域の妊娠・育児講座などの貼り紙をチェックしてみましょう。

仕事の都合で妊婦健診に行けない場合は、家に帰ったら、**妊婦健診の様子を聞きましょう。**ママは、健診の中身やお腹の赤ちゃんの成長の様子を話したいはず。産婦人科でもらったエコーの写真・映像を一緒にみたり、赤ちゃんとの生活について語り合うことで、ママの支えになれるのです。

両親学級はママと一緒に参加してみよう

「母親学級」をご存じでしょうか。これから母親になるママ向けに、妊娠の経過や出産後の赤ちゃんのお世話を指導する説明会のことです。産院や保健所、自治体などが開催しています（参加費無料が多い）。

なかには、これから父親になるパパも参加できる「両親学級」もありますので、ぜひママと一緒に参加してみてください。母親学級の最終回が両親学級になっている場合もあります。講義は、赤ちゃんのお世話の仕方などを保健師さんから学ぶ内容となります。

説明会には、ママと一緒に参加するとよいでしょう。2人で行けば緊張しませんし、居心地の悪さもありません。育児についての知識をママと共有できるメリットもあります。

参加したら、ただ聞くだけの受け身にならず、わからないところはどんどん質問しましょう。

また最近では、市区町村が運営している男女共同参画センターなどの主催で、これから父親になるパパ向けに、「(プレ) パパ講座」が各地で行われるようになってきました。ここでは、「パパならではの子育てのやり方」を学ぶことができます。

説明会や講座に参加すると、パパどうしの友人、「パパ友」をつくれます。別に、「パパ友をつくらなきゃ！」なんて気負う必要はありません。近くに座ったパパに軽く挨拶して、住んでいる地域や出産の予定日を聞くなどすれば、簡単にパパ友になれます。

妊娠・出産費用を調べ、ベビー用品の準備をしておこう

どのくらいお金がかかるか知っておこう

妊娠・出産には結構、お金がかかります。妊娠・出産は健康保険が適用されないため、全額自己負担となるからです。そこで、さまざまな助成制度を利用して、自己負担額を抑えましょう。

まず、奥さんの妊娠がわかったら、

・何にどのくらいお金がかかるのか

・どんな助成金（各家庭が市区町村や健康保険などからもらえるお金）があるのか

を事前に調べておくと安心です。

産婦人科で初めて診断してもらうときの初診料は、だいたい7000円〜1万円かかり

ます。健康保険を利用して診断を受けることを「保険診療」といいますが、妊婦健診は、保険診療扱いにならない診断項目がほとんどなので、費用が高いのです。

2回目以降の健診費用は、1回当たり5000円～1万円程度です。検査項目が多くなるほど、金額は上がります。

現在、妊婦健診の費用は、市区町村の助成対象になっています。妊婦健診の助成制度は、各市区町村によって回数や金額、利用方法などに、かなりばらつきがあるので、直接役所に聞いてみてください。

健診費用が助成金を超えた分は、自己負担になります。

奥さんの妊娠後、市区町村が「母子健康

妊娠・出産にかかる費用の目安

妊婦健診	初診料	7000円～1万円
	2回目以降 （1回当たり）	5000円～1万円×13～15回
出産費用		30万円～70万円
合計		37万円～86万円

（注）産婦人科や妊婦さんの状態によって、金額や健診回数は異なります。詳しくは、産婦人科などにご確認ください

手帳」を発行します。そのとき、健診費用の補助券を交付したり、助成の案内をしてくれますので、助成内容を確認してください。

出産費用は、産院によってかなり幅があり、安いところだと30万円台、高いところだと70万円以上にもなります。金額に差があるのは、産院の設備、病室の装備、食事内容などがそれぞれ異なるからです。たとえば、ある豪華な産院では、出産後のお祝い膳がフレンチのフルコースディナーだそうです。

ある程度、奥さんの意向を尊重してあげたいですが、豪華な産院で出産すると、費用もかさみます。家計とも相談しながら、産院選びなどを夫婦で相談して、お互いに納得したうえで、出産に臨みましょう。

ただし、出産費用は42万円の**出産育児一時金**で、ある程度カバーすることができます（下の囲み参照）。

出産育児一時金とは？

医療保険（健康保険や国民健康保険など）から、出産育児一時金というまとまった金額が給付されます。現在、国が定めているのは42万円です。

また、出産費用は30万円～70万円と高額なので、出産前にあらかじめまとまった現金を用意しなくてもいい「直接支払制度」もあります。これは健康保険や国民健康保険などが、出産育児一時金を医療機関に対して支払う制度です。利用方法などは、加入する健康保険や市区町村に問い合わせれば教えてくれます。

※2012年１月時点のデータ

ベビー用品は必要最低限は準備しておく

出産後1カ月くらいまで、ママと赤ちゃんは自宅安静が必要です。ママが赤ちゃん連れで買い物に出ることが難しくなるため、**出産前に、必要最低限のベビー用品を用意しておきましょう。**次ページのリストで紹介したものがあれば大丈夫です。あとは、必要に応じて買い足していくようにしましょう。

ママと一緒にカタログをチェックしたり、店に足を運んで、生まれてくる赤ちゃんを思い浮かべながら、ベビー用品をそろえるのは楽しいものです。

ベビー用品は、「子どもをどのように育てたいか」という考え方で、選ぶものが変わってきます。

たとえば、赤ちゃんを夜、ベビーベッドに寝かせるのか、それとも床に布団を敷いてママと一緒に寝かせるのかで、買う物は異なります。また、ベビーベッドにしても、さまざまな色や形のものがあります。

十分に話し合いながらベビー用品を選ぶことで、赤ちゃんの育て方について、夫婦どうしの意識のすり合わせができます。

事前に準備したいベビー用品リスト

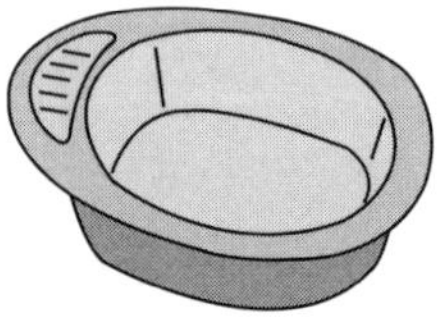

- [ ] **新生児用紙おむつ**（80～120 枚程度入りのパック１つ）
- [ ] **布おむつ**（30 枚程度。布おむつを使う場合）
- [ ] **おむつカバー**（５枚程度。布おむつを使う場合）
- [ ] **お尻ふき**（２パック）
- [ ] **肌着**（短肌着３枚、長肌着２枚程度）
- [ ] **ベビーウェア**（３枚）
- [ ] **おくるみ**（１枚。赤ちゃんをくるむ大きめのやわらかい布。バスタオルでも代用できる）
- [ ] **綿棒**（１パック。先端が小さく軸が細いベビー用が便利）
- [ ] **ガーゼ**（10 枚程度。多めにあると便利。げっぷの吐き出しやよだれを拭いたり、入浴時などに使う）
- [ ] **体温計**（1 個。短時間で計れるもの）
- [ ] **ベビー用爪切り**（１個）
- [ ] **ほ乳びん**（2 本。母乳育児の場合も、外出やおっぱいのトラブルなどのために、念のために用意しておくと安心）
- [ ] **粉ミルク**（２缶。産院で試供品などをもらえる場合もある）
- [ ] **ベビーベッド**（一式。必要な場合）
- [ ] **ベビー用布団**（一式。敷き布団、かけ布団、防水シート、タオルケット、毛布など）
- [ ] **ベビーバス**（１台、必要な場合）
- [ ] **洗面器**（１個）
- [ ] **湯温計**（１個）
- [ ] **ベビー用石けん**（1個。無添加・無香料なら大人用でも大丈夫。ボトルの泡タイプは便利）

沢村家のある東京の隣にあるC県
ハローベイビー
……
ポリポリ
なんでやねん
ゲハハハ
みずき今日予定日でしょ？ゴロゴロしてていいの？
もーこのコは
みずきの母 ケイコ（53）
予定は予定…！今ぐらいのんびりさせてよぉー
ニャリ
里帰りって楽ぅ〜♪このまましばらく甘えちゃお
ギュウウウゥ
!?
はうっ
ガバッ
みずき!?
き…来た…これが噂の陣痛!?
和人サン呼ぶわね！
ダ！
そのころ和人は——

そうかぁー
今日が予定日
かぁー
ダーハッハッ
どーせ予定日
ちょーどには
生まれはせんよぉー
そ…
そうだと
いいんで
すが…
お…タバコが
切れたか
あ、自分
買って
きます！
まぁ何かあったら
すぐ連絡来ると
思うけど…
ブブブ…
ん？
あ、そっか！
今の店って
圏外…
着信履歴
18:10
お義母さん
<留守番センター>
18:15
お義母さん
<留守番センター>
18:18
もしや…？
和人さん？
みずきの陣痛が始まりました
陣痛!?
これを聞いたらすぐ
病院に向かって
くださいね
えっ…えっ!?
ポン

奥さんの陣痛が始まったのかい？
ニコ
武川さん
あとはうまくやっとくからすぐ家族のもとへ行ってやれ！
ハ…ハイ！
みっ
みっ
みずきちゃぁぁぁーん!!
産婦人科
キキ…
ガラ
お義父さんにお義母さん!?

おお和人君！！
スマンねぇー
先に抱かせてもらってぇ
デレ〜
あっという間の安産でしたよ
あの…
みずき…さんは？
！
ぐったり…
ゴメンね…立ち会うっていってたのに…
今…来たんだ…
責める余裕もないほど頑張ったんだね…
ゴメン
和人君
娘だよ！
抱かないのかい？
え？
ほら早く！

ちっちゃ…！
これが赤ちゃん？
これが俺の…
俺たち2人の
子どもなんだね
ぶわっ
この子の名前、もう決まってるの？
ハ…ハイ！
2人で決めました
この子は俺ら夫婦の宝物になりますし
いろんな人に愛されてほしいから…
宝…「たから」って名にします

いざ出産！パパは何をすればいい？

出産に立ち会うパパが増えている

「立ち会い出産」とは、パパが赤ちゃんが生まれる瞬間に立ち会うことです。ベネッセ次世代育成研究所の調査（２００９年）によると、「立ち会い出産をした」パパは55・２％。「立ち会い出産をしたかったけれど、できなかった」というパパは2割以上います。合計すると、約8割のパパが立ち会い出産を希望していますね。

立ち会い出産をするパパは、陣痛が起こっている間、ママと陣痛室にいます。その後、分娩室《ぶんべん》に移動して出産まで立ち会います。ただし、出産時だけ、パパは分娩室の外で待機する産院もありますが、直前まで立ち会うので、これも立派な立ち会い出産です。

最近では、立ち会い出産をすすめる産院が増えています。なお、助産院での出産や自宅出産の場合は、パパの立ち会いが前提となります。

出産の瞬間に立ち会って、「父親になったんだ」と自覚すると、その後の育児にも協力的になる傾向があります。

立ち会い出産でママに何をしてあげればいい？

ママの出産の様子をただボーッとみていたり、写真やビデオをとるだけなのは、立ち会い出産ではなく、「立ち見出産」。まさに、「ただ分娩室にいるだけ」の状態です。

立ち会い出産では、**陣痛が始まったらママのすぐ側にいて、痛みで苦しむママの気を紛らわしたり、和らげたりしてあげる**ことです。

助産師さんがサポートするものもありますが、パパは次のような協力ができます。

- 「何をしてほしい？」と聞く
- 手を握って、「一緒に頑張ろう」とはげましの声をかける
- 腰をさすってあげる
- 水分を飲ませる
- 汗を拭いてあげる

でも、立ち会い出産はなかなか大変です。たとえば、産科医や助産師の邪魔になってしまったり、出産時に出る血をみて、貧血を起こして倒れてしまう男性も少なからずいます。また、陣痛や分娩時にはママが痛みに耐えかねて、うめき声を上げることもあります。いつもみていたママとは違う表情や声にびっくりするかもしれません。

さらに、出産時には、多少の出血もあります。命が生まれる瞬間ですから、赤ちゃんの心音が弱くなるなど、急なトラブルに直面するかもしれません。

だから、パパは**「ママを支えるぞ」と思って、気を強くもたなければなりません。**

出産は夫婦2人で乗り切る大イベントです。パパは妊娠期間中、できるだけママと一緒に過ごす時間を確保して、夫婦で心を一つにして、出産に臨むことが大切です。

和人のように、急な出産になって、仕事の都合で立ち会えなかったパパもいますが、別に嘆くことはありません。妊娠期間中、ママと心を一つにして過ごしていれば、ママの意識の中では、「パパと一緒に出産に臨んだ」という印象が強いそうです。

Part 2

子どもが生まれたら、まずやってみること

人生を長い時間軸でみれば、
子育てをしてる時間なんて短いもの。
その貴重な時間を子どもと共有しない手はない。
あとで「やっておけばよかった」と思っても、
取り返せない。
子育ては期間限定なんだから。

パパも「授乳」をやりたい「ミルク」のつくり方・あげ方

授乳はママの希望を最優先にする

生まれたての赤ちゃんがか細い声で懸命に泣いておっぱいをせがみ、ママの顔をじーっとみつめながら満足そうにゴクゴク飲んでいる。お腹いっぱいになると、ママに抱かれた胸の中で眠りにつく。そんな様子をみると、あなたも「幸せだなー」と心から思うようになるでしょう。

授乳は単に体の成長のためだけではなく、母親との絆や愛情も育みます。赤ちゃんは授乳によって「この人が親なんだ」と認識し、安心し、満たされた気持ちをもつのです。

産後のママは、誰でも母乳の出がよいわけではありません。出が悪いことや充分な量が出ていないのではという不安から、ママが大きなストレスを抱えることもあります。

パパはママのサポートに徹し、①母乳で育てる、②ミルクで育てる、③母乳とミルクを併用する、のどれを選ぶかは、ママの希望を常に尊重してください。

パパにできるサポートは、

- **授乳後、赤ちゃんにげっぷをさせてあげる**
- **冷凍保存しておいた母乳を温めて、ほ乳びんで授乳する**
- **ミルクをつくって、ほ乳びんで授乳する**（P64の図参照）

などがあります。パパもほ乳びんによる授乳を経験すると、親としての自覚や、育児に対する自信をつかむことができます。

赤ちゃんが生まれたての頃は、ママも授乳のペースができておらず、パパのサポートの申し出を嫌がったり、拒否することもあります。でもそれは、ママが精神的に大変なときだからなのです。「必要になったらいってね」とやさしく声をかけて、**ママの気持ちを最優先に寛容な気持ちでサポートする**ようにしてください。

授乳は日中、2～3時間おきにします。ママは授乳だけでクタクタになります。夜中や外出先、ママが病気のときなどに、パパが代わりに授乳できるようになりましょう。パパが上手に授乳をサポートできるようになれば、パパの株はグンとアップするはずです。

授乳のやり方

❶

ほ乳びんや粉ミルクを扱う前に、
石けんで手を洗う。

❷

沸騰させ、やや冷ましたお湯で粉ミルクを溶かす。70℃以上のお湯で溶かす（粉ミルク中にいる細菌を殺すため）。
搾乳して冷凍保存した母乳を飲ませる場合は、溶かす部分をお湯（熱湯は禁止）につけて解凍する。

❸

流水で人肌くらいの温度まで冷ます。手首の内側にミルクをたらしてみて、熱さを感じない程度であれば大丈夫。

❹

パパの腕に赤ちゃんの首をのせ、抱っこして授乳する。乳首部分にミルクが満たされるような角度に傾ける。
「おいしいね〜」など、顔をみながらやさしく語りかけると、赤ちゃんも安心する。

❺

飲み終えたら、げっぷをさせる。赤ちゃんは空気も飲み込んでいるので、げっぷで胃の中の空気を出してあげる必要がある。赤ちゃんのあごを肩にのせる感じに縦抱きにし、背中をさすったり、やさしくトントンする。

❻

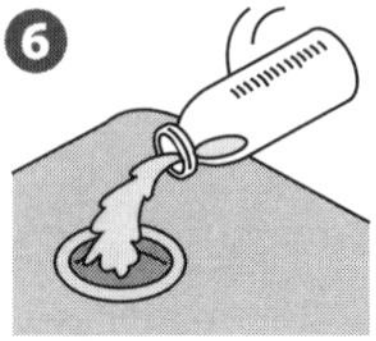

飲み残しは菌が繁殖するので、必ず捨てる。

#「おむつ替え」は回数をこなすことがとても大事

おむつの中には、赤ちゃんの情報がつまっている

おむつ替えは、正直いって、とても地道な作業です。かわいい赤ちゃんとはいえ、おしっこやウンチのお世話は、新米パパにはちょっと抵抗があるかもしれません。

でも、パパが毎日、おむつ替えをすると、**子どもの成長や健康状態を知ることができる、赤ちゃんとの信頼関係をつくっていける、**などの効果があります。

おしっこやウンチの回数や状態は、成長とともに変化します。

新生児（誕生〜1カ月）のウンチの特徴は、水っぽくてサラサラしています。1日にする回数も多いです。ところが、離乳食に移行する5〜6カ月頃になると、赤ちゃんの食べる物が液体から固体に変わるおかげで、ドロドロとしたウンチをするようになります。1

日にする回数も、新生児頃に比べると少なくなります。離乳食を完了する1～1歳半ぐらいになると、子どもの消化能力もずいぶん発達してきて、ウンチも固くなってきます。

また、**赤ちゃんの健康状態は、ウンチをみることで読み取れ、病気の早期発見にもとても効果があります**。たとえば、白っぽくて酸っぱいにおいのウンチなら、お腹に来る風邪の代表格、ロタウイルス性胃腸炎にかかっている疑いがあります。

ウンチがいつもと違う色や形状、においをしていたら、具合が悪くならないうちに小児科に連れて行くなど、早めの対策ができます。

おむつ替えで、赤ちゃんは信頼感を抱く

おむつ替えは、授乳（↓P62）や抱っこ（↓P74）と同じように、赤ちゃんとパパとの大切なスキンシップ（肌と肌のふれ合い）になります。

おしっこやウンチで汚れたおむつをしていると、赤ちゃんはとても気持ち悪いです。でも、赤ちゃんはしゃべることも、自分でおむつを替えることもできないので、泣いて教えるしかありません。

泣き声をちゃんとキャッチして、おむつをきれいにして、心地よくしてくれる人に対して、赤ちゃんは信頼を寄せます。パパであるあなたがおむつ替えをするとき、赤ちゃんの

顔をみながら、「たくさん出たね〜」「気持ちいいね〜」と話しかけながら、おむつ替えしましょう。赤ちゃんは、あなたに信頼感を抱くことでしょう。

おしっこの頻度は、新生児期は数時間おきですが、成長とともに回数が減り、1回の量が多くなります。これは、体の成長とともに膀胱《ぼうこう》も大きくなり、ある程度のおしっこが溜められるようになるからです。おしっこを漏れなくキャッチできるように、紙おむつは月齢や体の大きさに合わせたサイズを選びましょう。

おむつは、おしっこのたびに替えてください。たしかに、最近の紙おむつは性能がいいので、2〜3回分のおしっこなら十分吸収します。でも、おしっこがついたままのおむつをしていると、皮膚のかぶれの原因にもなるので、こまめに替えましょう。

おむつ替えは、寝てばかりのころは簡単ですが、寝返りやはいはいなど動くようになると大変になります。ママと連携する、おもちゃをもたせて気をそらせる、顔をみながらお気に入りの歌を歌うなど、工夫をして乗り切りましょう。

ママが**おむつ替えを手際よくできるのは、回数をこなしているから**です。「習うより慣れろ」なので、自分から積極的におむつ替えをしましょう。

おむつの替え方

❶

新しいおむつを広げて、お尻の下に敷く（替え途中でおしっこをされても、周りを汚すことが少ない）。

❷

おむつをあける。

❸

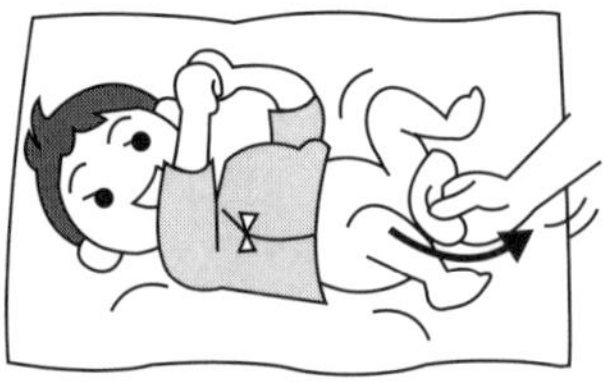

お尻を拭く。女の子は、ウンチの大腸菌が膣につかないように、前から後ろに拭く。男の子は、おちんちんの周り、女の子はシワの間に拭き残しがないように気をつける。
赤ちゃんの肌はデリケートなので、ゴシゴシこすらず、やさしく汚れを拭き取る。

❹

（テープの場合）きつすぎず、ゆるすぎずにおむつをはかせる。

※新生児のうちは「テープタイプ」、はいはいやたっちができるようになったら、はかせる「パンツタイプ」が便利です。

Episode 4

仮免パパ
たから4カ月
ようこそベイビー
この家がキミんちだよーっ！
キャ キャ
ここですくすくグングン大きくなってねぇ！
たからが家に来て浮かれるのはわかるけど…
赤ちゃんはかわいいだけじゃないのよぉ？
それくらいわかってるよぉ
みずきちゃんが里に帰ってる間ちゃーんと勉強していたのだぁーっ！
育児本
HOW TO
粉ミルクは70℃以上のお湯で溶かしたあと
人肌まで冷ます！

はーい
たからちゃーん
ミルクでちゅよ～
!?
びやっ
まだ熱かったん
じゃない？
男の人の「人肌」は
温度が高めだから
でも
おむつ替えは
完璧…
ん～
もり
もり
ウ…
ウンチ
おかわり!?
パニックに
ならず素早く
対処！
も～
何でカーペットの
上で替えんのよぉー
サッ
パッ
ならせめて
パパ育児の代名詞
お風呂くらい…
バタバタ
あっ
ちょ
わーっ
たからーっ
ボチャ
ごめんよーっ
そんな急に
バタつくなんて…
やれやれ…

はぁー……
全然通用しませんでしたぁ
彼女の実家に行ったときもチョコチョコやってたのに…
育児のセンスないんですかねぇ
それは違うぞ育児はセンスなんかじゃない「場数」だ
ニカ
場数!?
3人のパパの俺だって最初は失敗ばかりだった
プ〜…ン
くさっ
プーッ
ガッ
ハッハッハッ
だが10回、100回とやり続けていけば必ずうまく手際よくなるのだぁ!
な、なるほど!
休憩してる場合じゃないっスね
さっさと仕事終わらせまーす!
ビュン!!
沢村!

ただいま!
早かったわねぇ…
ハァ
ハァ
場数かせぎたいから…
俺…たからと一緒の時間
頑張ってできるかぎりつくるから!
そしてたくさん実習してパパスキル上げるようにする!
和人…
ニマ～
さぁたから～
パパがミルクをあげようか?
ミルクはさっきあげたばっかりよ
じゃあおむつ…
はぁ?
おむつはするまでできないでしょお～
ならせめてお風呂のスキルアップを!
ガバッ
ボテ
きゃーっ
たからーっ

スヤ
スヤ
はぁー…今日も落としちゃったよぉ
育児ってすぐにはうまくならないのかなぁ
はぁ
仕事や料理と一緒よぉ それにー
そんなことママのほうがわかってるんだから
えっ…
だからあせったり落ち込んだりしないで
2人でうまく分担して
ニコッ
あの天使を大きくしてみせましょ♪
もちろんさっ!
あ〜!
ほらっ出動要請よっ!
キリッ
この泣き方はおしっこね! ニューおむつ&お尻ふき用意して!
は…ハイッ!

赤ちゃんとパパの信頼関係を築く「抱っこ」

抱きぐせは気にしなくていい

授乳のとき、あやすとき、寝かしつけるときなど、抱っこの場面は、たくさんあります。パパはとにかく回数をこなして、自分なりの抱っこのスキルを磨きましょう。

そして、赤ちゃんは抱っこが大好きです。抱っこによって、赤ちゃんはパパの体と密着し、パパの心臓の鼓動や体温、においを感じて、とても安心します。ベッドに寝かせると全然寝ないのに、抱っこするとすっと眠るのは、赤ちゃんの心が休まるからです。

安らぎを感じるのは、パパも同じ。赤ちゃんのぬくもりや肌のやわらかさ、においを感じて、安心感や喜びを感じます。つまり、**抱っこをすると、赤ちゃんとパパ双方に信頼感や愛情を意識させ、お互いの絆を養う**のです。

ところで、抱きぐせを心配する声を時々聞きますが、**抱っこは「くせ」にはなりません。**

3〜4歳にもなれば、子どもは自然と、抱っこをあまりせがまなくなります。授乳やおむつ替えなどでも泣きやまないときは、たくさん抱っこしてあげましょう。

赤ちゃんとお出かけしたとき、ベビーカーに寝かせていた赤ちゃんがむずがったら、抱っこすると泣き止むことが多いのです。

でも、赤ちゃんは日々成長して、体重も増えていきますから、長時間の抱っこはかなり大変です。そこで、「抱っこひも」を活用しましょう。

最初の抱っこひもを選ぶ際は、次のポイントに気をつけましょう。

- 男女兼用で使える
- 首がすわらない新生児期から使える
- ベルトの長さやバックルの調整ができる
- ブランド名や口コミだけにまどわされない
- 必ず店頭で試着して、使い心地をチェックする

最初は装着に手間がかかるかもしれませんが、慣れてしまえば簡単です。夫婦で外出するときは、体力のあるパパが抱っこを担当してあげると、ママも喜びます。

抱っこのやり方

横抱きのやり方

❶ 赤ちゃんの首の下に片手を入れ、もう一方の手をお尻の下に入れる。

❷ 赤ちゃんを持ち上げて、パパの体に引き寄せる。お尻を支えている手を、背中まで移動させて支える。

❸ 頭と首を支えている手を移動させて、赤ちゃんの頭と首がひじの内側に来るようにする。

縦抱きのやり方

❶ 赤ちゃんの首の下に片手を入れ、もう一方の手をお尻の下に入れる。

❷ 赤ちゃんを持ち上げて、パパの体に引き寄せる。体を少しかがめて赤ちゃんの頭をパパの胸にぴったりくっつける。

❸ かがめていたパパの体の姿勢をもとに戻し、立ち上がる。

「沐浴」「入浴」こそ、力持ちのパパの出番

沐浴の時期はママの体は万全ではない

沐浴とは、ベビーバスを使って新生児期の赤ちゃんをお風呂に入れることで、毎日行います。赤ちゃんの血液の循環をよくし、発育をうながし、皮膚病の予防にも役立ちます。

沐浴の際は、赤ちゃんの頭を片手で支えるので、力が必要です。また、赤ちゃんを抱えたまま前かがみの姿勢で洗うので、腰にも負担がかかります。

新生児期のママは産後間もない体の回復期にあたります。一方、パパはママよりも手が大きく、腕の力もあります。沐浴のときにパパがいると、ママはとても助かるのです。

最初は、「手がすべって落としたらどうしよう」と緊張するものです。そこで、パパが赤ちゃんの体を支えて、ママが体を洗うという連携プレーで乗り切るとよいでしょう。

沐浴のやり方

❶ お湯は 40℃前後（夏場はぬるま湯での行水でもOK）。バスタオルの上に着替え（肌着、ベビー服、おむつ）を用意する。

❷ 手足が不安定だと赤ちゃんは不安になるので、さらしや手ぬぐいを体にかける。利き手の反対の手で頭を支えて、足からゆっくりとお湯に入れる。利き手で洗う。

❸ 軽く石けんをつけて洗う。まず顔を洗い、続いて頭、首、手足、体の順番に洗う。

❹ 赤ちゃんの向きをかえて背中を洗い、最後に局部をよく洗う。シワの間もよく洗い、よごれを落とす。終わったら上がり湯（別に沸かした同じ 40℃前後のお湯）をかけ、石けんをよく洗い流す。

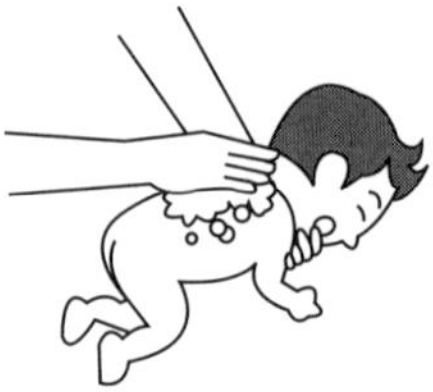

❺ やわらかいバスタオルで水気を拭き取り、服を着せる。綿棒で鼻や耳を掃除し、ベビーブラシで髪の毛を整える。

パパ1人でお風呂全部をこなせたらすごい

生後1カ月を過ぎると、赤ちゃんは大人と一緒にお風呂に入ることができます。赤ちゃんのお風呂は力仕事。お風呂に入れることこそ、パパの出番です。

洗う手順は、大人と同じ流れで大丈夫。ただし、長湯は赤ちゃんが疲れてしまうので、お湯につかるのは短めにしてください。湯船に入るときは、パパの胸に赤ちゃんの体をくっつけると、安心します。

赤ちゃんの成長に合わせた洗い方を紹介します。

- ねんねの頃……パパの足のモモの上にあおむけに寝かせて、体や髪を洗います。赤ちゃんの下にガーゼを敷くと、すべり止めになります。
- おすわりの頃……ベビー用のバスチェアに座らせて体を洗います。
- たっちの頃……浴槽につかまり立ちさせて洗ったあと、シャワーで流します。

パパとママは分業で、**①パパがお風呂場に先に入る、②ママが服を脱がせた赤ちゃんをパパに渡す、③お風呂が終わったらママに赤ちゃんを渡す**、という連携プレーができれば楽でしょう。

でも、パパ１人でお風呂を全部担当しなければならないときもあるでしょう。その場合、**「段取力」が大事です。**次の①〜⑥の手順を踏めば、効率的にお風呂をこなせます。

①事前に、広げたバスタオルとおむつを、お風呂場近くに用意しておく。
②お風呂から出たら、赤ちゃんの体をバスタオルで拭いて、おむつをはかせる。
③赤ちゃんにバスタオルやタオルポンチョを着せ、すばやくパパの着替えをすませる。
④赤ちゃんの耳や鼻に入った水分をタオルや綿棒で拭きとる。ベビーローションやベビークリームなどでスキンケアをする。
⑤赤ちゃんの体のほてりがおさまったら、衣類を着せる。
⑥水分補給のため、ミルクや常温の湯冷まし、麦茶などを飲ませる。

赤ちゃんは時々、お風呂でぐずったり、イヤイヤをする日もあるでしょう。そんなときは、お気に入りのおもちゃを用意したり、歌を歌ったりして、気を引いて乗り切りましょう。パパ１人でお風呂すべてをこなせたら、とても自信がつきます。

赤ちゃんが大きくなると、つい気がゆるみがちになります。でも、お風呂場は事故が多い場所でもあります。湯船の中に赤ちゃんだけで立たせたり、お風呂場に赤ちゃんを置いたまま離れるなどして、目を離すのは、絶対にやめましょう。

1日の最後に待っている「寝かしつけ」と「夜泣き対策」

あなたの家の入眠儀式をつくろう

育児の1日の最後の仕事が「寝かしつけ」です。ところが、赤ちゃんは親が「早く寝てほしい」と思っているときにかぎって、寝てくれないものです。

寝かしつけの秘訣は、とにかくあせらないことです。「早く寝かせて残った仕事をしたい」「ゆっくり本が読みたい」……。親の事情で早く寝かせようとしても、うまくいきません。あせればあせるほど、イライラが子どもに伝わって、かえって寝なくなるものです。

寝かしつけには、**「入眠（就眠）儀式」が効果的**です。これは、**寝る前に行う習慣的な行動**のこと。大人でも、寝る前に本を読む、音楽を聞くなど、自分なりの習慣がありますね。同じように赤ちゃんの就寝前の行為を習慣化すると、安心して眠りにつくことができるようになります。入眠儀式には、次のようなものがあります。

・**赤ちゃんが眠りに入るくせを利用する**

お気に入りのタオルをもつ、ぬいぐるみを抱っこする、耳たぶをさわるなど。

・**寝る前に決まった行為をする**

絵本の読み聞かせ、布団でお話し、やさしいマッサージ、静かな音楽を流すなど。

どの方法を選んでもよいですが、大事なのは、**決まったことを決まった順番で続け、毎日の習慣にする**ことです。あるパパは、「うちの入眠儀式は、歯磨きして、ベッドで絵本を読んで、足裏をやさしくマッサージ」といいます。この順番が始まると、子どもは「もう寝る時間だ」と認識するようになるそうです。

寝る環境づくりも大切です。大人でも、薄暗くて静かな環境のほうが眠れますね。赤ちゃんだけ寝かせようとしても、テレビはつけっぱなし、電気はこうこうとついているのでは、なかなか眠りにつきにくいものです。夜は静かにして電気を暗くし、赤ちゃんが眠りに入る環境づくりをしましょう。

寝かしつけと同時に親も一緒に寝てしまい、その代わり早起きして自分の時間をつくり、家事や読書をしたり、趣味や資格取得の勉強に充てているパパもいます。

夜泣きはどうやって泣き止ませる？

「夜泣き」は、眠りについた赤ちゃんが夜中に泣いてぐずることで、生後半年～1歳半頃の子にみられます。一晩に何回も夜泣きをする子、一度完全に目を覚ましてからでないと寝ない子、ほとんど夜泣きをしない子など、タイプはさまざまです。

ただし、夜に赤ちゃんが泣くこと自体が夜泣きではありません。赤ちゃんが泣くのには、さみしい、お腹が空いた、おむつが汚れた、暑い・寒い、具合が悪いなど理由があります。

夜泣きは、次のように**ふだんの生活スタイルを見直す**ことで収まることもあります。

- 早寝早起きの生活リズムを整える
- 日中は十分に散歩や外遊びをする
- 寝る前は興奮させない

また、次のような工夫をすることで収まることもあります。

- 添い寝する

・授乳する
・白湯（ぬるく冷ましたお湯）を飲ませる
・抱っこする
・やさしく背中をトントンする
・抱っこして家の中を歩く
・外気にふれさせる

ただし、夜泣きの原因はまだ科学的に完全に解明されておらず、「これをやったら泣き止む」という決定打はありません。何をしても泣き止まず、心労がたまることもあります。夜泣きがひどいと、翌日の仕事にひびくからと、ママに任せっきりになるパパもいます。でも、夜泣きは一時期のことだと腹をくくって、パパもできるだけ協力して一緒に乗り切りましょう。**夫婦で交互に抱っこする、曜日ごとに夜泣き当番を分ける**など、分担方法をつくりましょう。

1歳半を過ぎて、体をたくさん使う遊びができるようになると、夜泣きは自然と収まり、夜になるとコテンと眠りに落ちるようになります。パパは、「夜泣きは子どもの成長の一過程なのだ」と鷹揚《おうよう》に構えて、子どもに付き合いましょう。

「離乳食」は大人と同じ食事ができるための第一歩

一緒に食べると、おいしくて楽しい！

赤ちゃんは5～6カ月頃になると、離乳食を食べる時期に入ります。それまで母乳やミルクだけを「飲む」生活だったのが、それだけでは栄養を補えなくなり、「食べる」生活に移るのです。**離乳期とは、大人と同じ食事ができるようになるための準備期間**です。

母乳やミルクを飲む行為は、赤ちゃんがもって生まれた本能ですが、食べ物を噛みつぶして飲み込む作業は、少しずつ覚えていく後天的な能力です。飲み込んだり、噛んだりできるようになる時期には個人差がありますから、無理なくゆっくり進めましょう。

離乳食の主な目標は、①食欲を育てる、②規則的な食事のリズムをつくり、生活リズムを整える、③食べる楽しさを体験することです。

ただし、せっかく離乳食をつくっても、ほとんど食べてくれなかったり、べーっと吐き出されたりして、なかなか思うようにはいかないものです。離乳食に頑張るママたちはストレスを溜めがちになります。そんなときこそパパの出番です。

離乳食を上手に進めるコツは、**赤ちゃん自身の意欲を尊重して、楽しい時間にしてあげること**。ママと協力して離乳食の準備をしたり、赤ちゃんにスキンシップや声かけをしながら食べさせたりして、楽しい食事タイムになるように工夫してみましょう。

離乳期の4つのステップ

離乳食は赤ちゃんの成長に合わせて、食べ物の種類や品数、大きさ、かたさを、ゆっくりと段階的に変えていきます。離乳期は、次の①〜④のステップに分かれます。赤ちゃんは初め、スプーンの感触を嫌がりますが、じきに慣れます。

①初期「ゴックン期」（5〜6カ月頃）

離乳食スタートのサインは、赤ちゃんが家族の食事を欲しがったり、食べたそうにじーっとみたり、よだれをたらす様子がみられることです。最初は、アレルギーの心配が少ない「おもゆ」や「おかゆ」を与えます。おかゆは、10倍がゆ（米1、水10）から始めます。なめらかにすりつぶしたドロドロ状のおかゆを、1日1回、スプーン1杯から始めましょう。おもゆは、おかゆの上ずみの部分です。

②中期「モグモグ期」（7〜8カ月頃）

離乳食は、舌でつぶせるかたさにします。赤ちゃんは食べ物を上あごに押しつけてもぐもぐと食べます。1日2回与えましょう。

③後期「カミカミ期」（9〜11カ月頃）

離乳食は1日3回、歯ぐきでつぶせる固さのものを与えます。食欲に応じて、離乳食の量を増やしていきます。

④完了期「パクパク期」（12〜18カ月頃）

やわらかめの形のある食べ物を、歯ぐきで噛みつぶすことができるようになります。1日3回の食事リズムをつくりましょう。赤ちゃんが手づかみで食べやすいメニューをつくり、いろいろな味に慣れさせてあげましょう。

また、離乳食を食べさせる際のいくつかのポイントを次に述べます。

・母乳やミルク

食事をしっかりとれるようになるまでは、母乳やミルクは欲しいだけ与えてください。ただし、まず離乳食を食べさせて、母乳やミルクはそのあとに飲ませましょう。

・調味料

離乳食の初期には不要です。離乳期が進んで、食塩や砂糖などの調味料を使うようになっても、薄味で調理します。濃い味に慣れると、薄味を好まなくなります。離乳期はもちろん、幼児食に入っても、食材の味を生かした調理をしましょう。

なお、ハチミツは乳児ボツリヌス症予防のため、満1歳までは与えてはいけません。

・手づかみとスプーン

赤ちゃんが自分で手を出して食べたがるようになったら、どんどん手づかみでやらせてあげましょう。また、赤ちゃん用スプーンをもたせてみてください。離乳期は、食べたい意欲が育まれる時期です。可能な範囲で、赤ちゃん自身にやらせてあげましょう。

・周りを汚さないために

食べ物をこぼしたり、容器をひっくり返したりするので、赤ちゃんには食事用のスタイ(赤ちゃん用のエプロン)をつけさせ、床には新聞紙などを敷きましょう。

Episode 5

ママがライバル？
そうかー たからちゃんも もう9カ月か！
ハイ！
パパ業にも慣れてきました 体力勝負ですが 育児は楽しいです！
そうか どの辺が楽しい？
子どもって絶対に成長するんですよね
早…
ビュン
ヨロヨロ…
つかまり立ちできたぁ！
だからすごくやりがいがあるってゆーか…
でもパパも一緒に成長したいから…
？
育児に「父性」を…？
育児に父性を！
パパ必読
ありますよね？ パパにしかできないこと
そこも確かめてみたいんです！

ぶーん
ぶーん
ひこうきだぞぉー
ぶーん
キャ キャ
落とさないでよ
女の子の顔に
キズつけたり
したら…
ハァ ハァ
わかってるって
育児に
大切なのは…
スキンシップ!
フッ フッ
パパはママよりも
体力と筋力もあるし
こぉいうパワー系
スキンシップでー
キャ キャ
うぉぉお
パパのすごさを
アピールしないと
完成したぞ
たから!
正義のヒーロー
「キュアうさぎ」!
カラ カラ
おおっ喜んでる!
気に入ったか
キュアうさぎ!
キャ キャ
工作・プラモ好きが役立った!!
おもちゃづくりもパパ有利かぁ?

材料洗って
つくった?
とれた部品とか
誤飲させないでよっ
わかってるって
そんなのぉ〜
はいはい
あ〜…
ひょっとして
妬いてるぅ?
パパ力がたからに
好評だから…
パパもやれば
できるんだぞ
ママにも
負けないもんねぇ
!!
育児に
勝ち負けなんて
ないんじゃない!?
そりゃあタマにそーゆー
ことやればウケるわよ!
でもママはー
ああ…
遅かった
チロ
チロ…
よーち
よーち
ぎゃ〜
毎日毎日同じことの
くり返し…楽しくなくても
やらなきゃいけないのよ!

まだ生えてこない…
あ〜〜ん
それに長く一緒にいるといろんな心配が余計に増えてくるし
パパとママってライバル？パートナーじゃないの!?
あ…そっか…あのとき武川さん
ママのフォローもパパにしかできないことだぞ！
最近ママ友の○△さんったらさァ…
フンフン
育児や地域の人間関係ママだっていろいろたまるんだ
「父性」だけじゃなく…「夫性」も大事にしなきゃ
あの言葉…そーゆー意味だったんだ…
ゴメンみずきちゃん俺、視野がせまくなってた…
？

パパ、ママ、子
みんな笑ってこそ
家族だもんね…
育児に勝ち負け
なんてないし
俺、子どももママも
笑顔にできる
「我が家のヒーロー」
を目指すよ
ギュッ
和人…
男って…
いくつになっても
ヒーロー好きよね
娘のおもちゃまで
ヒーローに…
そ、それくらい
いいだろ…
「キュアうさぎ」は
女の子
なんだぞ～！

出産後、不安定になるママの心をサポートしよう

ママはホルモンバランスの変化で気分が落ち込む

これまで授乳やおむつ替え、お風呂など、赤ちゃんのお世話について説明してきましたが、ママの心のサポートについても、パパは知っておきましょう。

待望の赤ちゃんが誕生し、これからの楽しい育児ライフを想像していたのに、なぜかママの顔から笑顔が消えてしまった——。パパはこんな事態に遭遇することがあります。

これは、**妊娠・出産による急激なホルモンバランスの変化などで、ママの心がとても不安定になっているから**です。

妊娠・出産を境に、ママの体の中で女性ホルモンが急激に変化します。その影響でイライラしたり、悲しくなったり、憂鬱《ゆううつ》になったりします。これは「マタニティブルーズ」と

いう症状で、そのピークは一般的に産後2～3日頃です。産後1カ月くらいになると、ほとんどのママは自然に収まります。

ところが、まだ体力が完全に回復していないのに、慣れない育児と家事の両方をこなさざるをえず、その負担と孤独感から、症状が悪化していくママもいます。

ママが悩みや不安を1人で抱え込まないようにするためにも、パパは**夫婦のコミュニケーションを大切にし、家事を分担したり、育児を一緒に行うなどの協力をする**ことが不可欠なのです。

マタニティブルーズよりも、ずっと重い症状が「産後うつ」です。産後1カ月以降で、気分が落ち込んだ状態が2週間以上続いた場合は、産後うつの疑いがあります。日本では10人に1人のママがかかるそうです。

眠れない、家事を含め何もする気にならない、子どものお世話ができない、子どもへの愛情がわかなくなるなどといった状態になり、重度のうつ状態に陥ることもあります。

産後うつの原因はまだはっきりしていませんが、産後3カ月間はとくに注意が必要だといわれています。マタニティブルーズの症状がそのまま重くなる、出産直後は明るく過ごしていたのに、産後1カ月を過ぎて急にふさぎ込む、といったケースがあります。

前述したように、産前・産後のママは心身ともにあなたのサポートを必要としています。症状を悪化させないためには、

・パパが育児と家事を率先して行う

・ママをねぎらい、感謝の言葉をかける

の2つが大切です。とくに、「ありがとう」「おつかれさま」「頑張ったね」「ゆっくり休んでね」という**心のこもった言葉がけは、ママの新たなエネルギーになります。**

男女では、コミュニケーションの傾向が違います。男性は用件を伝え、結論を先にいう傾向があります。反対に、女性は自分の思いを伝え、相手と感情を共有したい欲求が強いです。ですから、夫婦の会話において、奥さんが結論や問題解決を求めているケースは多くないのです。

そこで、ママが、パパであるあなたに子育ての悩みを相談するとき、**実は、具体的な解決策が欲しいわけではないことがよくある**のだと知っておきましょう。話を聞いてもらい、「そうだね」「大変だね」と受け入れ、共感する態度を示してほしい場合が多いのです。

夫婦のコミュニケーションは、夫が聴き役にまわることで円滑になるものです。ママから話しかけられたときは、**ママの目をみながら、じっくり話を聴く姿勢をみせましょう。**

Episode 6

子と2人きり！
たからもついに1歳！
そしてみずきちゃんも
ぐったり…
元気すぎる1歳児の世話でますますヘトヘト！
あ〜
カラ
カラ
カラ
今こそ　パパが
家族のために立ち上がるとき！
たまには1人で休みなよ
たからと2人で外に出てくるよ
え？
そんなことして平気？
心配ないって！
たからもよくなついてくれてるし

2人だけでもつようになれば
ママ業から解放させられる！
上げるぞパパスキル！そのためには——
公園だって2人で行けないと！
児童公園
マナーを守ろう
そろ〜
こ、こんにちはぁ…
？
こんにちはぁ
…やっぱ1人じゃ緊張するなぁ…パパって公園ではアウェー感強いし
でも子どもはちゃんと遊ばせてあげないと！

い、行け！たから！
テテテ・・・
テテテ…
ぐい
あ…
コラたからっ
ごめんね
とっちゃって…
お砂場おもちゃがなければ、ウチの使っていいですよぉー
あっ…パパ！
ずっと公園にいた？
まったく気づかなかった！

あ、こんにちはぁ
のんちゃん
大きくなりましたねぇ〜
この場に
溶けこんでるから？
なんかスゴい
場慣れ感…！
ビクッ
わーん
ど、どーした
いきなり!?
!
このにおい…
ウンチっぽいですね
クンクン
たしかに…
よ、よりによって
2人のときに…
ウンチって
外で処理していいの？
さぁ！
ここで替えてください！
さっ
おむつや
おしりふきは
あります？
使用済みおむつを
入れるビニール袋は？
そ…その辺は
自分のが…
すみません
遊んでる所で
こんな…
気に
しないで
ください
困ったときは
お互いさまですから

すっ　きり!!
ばーー…ん
キャ
キャ
よーし!
泣きやんでくれた
たからちゃん大きくなりましたねぇ
えっ!娘を知ってるんですか?
0歳児の頃から児童館で一緒に…
うちのあゆむとも最近この公園でよく遊んでくれてますけど
たからちゃんいい子ですよぉ
この公園のアイドルです!
ほ、他のパパママに子どもをほめられるとすっごくうれしいけどぉ…
あ、あの…
あゆむパパって何者なんですか?フツーのパパじゃないよ〜な…
エッ?
パパ2年目を迎えた和人
新たな師匠に出会えました

「お留守番」で、ママをリフレッシュさせてあげよう

ママもたまにはリフレッシュしたい

部屋でパパが赤ちゃんと遊んでいても、近くにママがいると、どうしてもパパはママを頼りがちになります。その結果、ママはなかなか気が休まらないものです。

そこで時々、パパは赤ちゃんと「お留守番」をして、**ママに「1人の時間」をプレゼントしてあげましょう。**ママを育児から解放させる時間をつくってあげることで、ママは育児のストレスが発散でき、喜びます。また、お留守番はパパと赤ちゃんとの絆を深め、主体的に育児ができるようになるトレーニングになります。

お留守番は、1日数時間からチャレンジしてみてください。ママがいなくても、パパがなんとか1人で赤ちゃんと過ごすことができるようになれば合格点です。

お留守番の段取りは、まず、ふだんの家庭での赤ちゃんの様子や月齢に合わせて、**大まかな1日のスケジュールを組み立てる**ことから始めます。事前に、ママに赤ちゃんの1日の生活リズムを聞いておくと役立ちます。

育児の基本は「習うより慣れろ」です。パパ1人で何でも完璧にできるようにならないとお留守番はできない、というわけではありません。まずは、やってみることが大事です。ただし、

①ある程度の手順

②おむつや着替え、授乳に必要なものがある場所

ある1日のお留守番スケジュールの例（月齢 10 カ月）

7:00　起床
8:00　朝ごはん
9:00　室内遊び
10:00　お散歩
12:00　お昼ごはん
13:00　お昼寝
14:00　近所のスーパーで買い物
15:00　おやつ
15:30　室内遊び

17:30　夕ごはん準備
18:00　夕ごはん
19:00　休憩
19:30　お風呂
20:00　休憩
20:30　寝かしつけ

③お出かけ時の持ち物

といったことを事前にママに聞いて準備しておきましょう。

家にこもらず、イベントなどに出かけてみよう

お留守番で、パパと赤ちゃんの2人きりのときに、赤ちゃんが泣き止まないとあせります。でも、赤ちゃんも何か理由があって泣いていることが多いものです。おむつを替えたり、ミルクをあげたり、抱っこしたりして、基本的なお世話をしてみましょう。

お留守番中は家にこもりきりにならず、天気がよければ、外出しましょう。赤ちゃんの気分転換にもなり、泣いてばかりいた赤ちゃんの機嫌がよくなったりします。外出先は次のようなところがよいでしょう。

・近所をぶらぶら散歩する

ベビーカーに乗せて、近所の公園などへお散歩に出かけます。

・子育てひろばや児童館に行く

子育てひろばは、行政やNPO法人などが主催している保護者と子どもが交流できる場所です。児童館は、集会室、遊戯室、図書室などを備えた施設で、おもちゃや絵本などが充実しています。

ママたちばかりいて、入りづらいかもしれませんが、勇気を出して入ってみましょう。育児のアドバイスや近場で開催される子育て講座・イベント、子どもの遊ばせ方など、たくさんの情報が入ってきます。

・近所のイベントに参加する

イベントの開催情報は、児童館などに置かれた案内チラシの他に、地域の広報紙やインターネットでも、チェックすることができます。最近では、「パパ子向け」と銘打った親子遊びイベントも活発に行われています。地域の集まりなら、地元のパパ友に巡り会えるチャンスです（パパ友のつくり方はＰ164参照）。

・図書館に絵本を借りに行く

大きな図書館になると、絵本コーナーが充実していて、読み聞かせができるスペースもあります。また、曜日・時間帯を決めて、ボランティアの人たちによる絵本の読み聞かせを開催しているところもあります。

ママがお出かけから帰ってきたら、温かく迎えましょう。お留守番中にあった出来事などを楽しく伝えたり、ママが過ごした自由時間の様子を聞いたりしましょう。今日あった出来事をお互いに共有し合えれば、夫婦仲もさらによくなることでしょう。

反抗期に入った子どもは、どう「しつけ」をしたらいい？

親自身がお手本を示してあげることが大事

子どもの年齢が2歳頃になると、「第1次反抗期」に入ります。自我が芽生えてきて、なかなか親のいうことをきかなくなるのです。

この時期の子どもは、**まだ上手に自分の気持ちを言葉で表現できません**。一生懸命に意思を伝えようとしても、思うようにコミュニケーションがとれないのです。

その結果、片づけない、帰らない、気にいらないと物を投げる、「イヤイヤ」ばかりいうなど、親からみると困った行為を繰り返すようになります。こうした反抗期特有の態度は、「温かい目で見守りたい」「反抗期そのものが成長の証」と気持ちでは思っていても、毎日繰り返されると、そうもいかなくなります。

そしてときには、感情的な怒り方をしてしまうときもあるでしょう。怒ってしまったあとで、「あんなに怒らなくてもよかったな……」と自己嫌悪に陥ってしまうパパ・ママは少なくありません。

反抗期に入った子どもの「しつけ」には、次の2つの方法が効果的です。

①親自身が、手本となるよい行動をして示す

「あれをしなさい」「これをしちゃダメ」などと、親が口先だけでもっともらしいことをいったとしても、親がそういう行動をしていないなら、子どもはいうことをききません。子どもは頭で考えて反抗しているのではなく、親の真似をしているだけなのです。

ですから、親がよいお手本をみせれば、子どもも真似してよい行動をします。たとえば、子どもにちゃんと挨拶をさせたかったら、家族どうしはもちろん、近所の人などにも「おはようございます」「ありがとうございます」といった挨拶をきちんとして、親の姿を子どもにみせる必要があります。

②子どもがしたよい行動を、ほめるよう心がける

「これもダメ」「あれもダメ」と叱るだけでは、子どもはどうすればいいのかわかりません。子どもが何かよい行動をしたとき、それをほめることで、よい行動を自覚させるのです。たとえば、「○○ちゃんがおもちゃを貸してあげたから、△△ちゃんはうれしそうだね」とほめて、「おもちゃを貸してあげるのはいいことだ」と教えてあげましょう。

叱る際に気をつけるべきポイント

また、そもそも子どもを叱ることが多すぎないか、叱るべきことは何か、夫婦でよく考えてみることも大事です。次のように、子どもをいちいち叱らずに対応することも可能だからです。

・言葉がよく通じない赤ちゃんの頃

「これをさわっちゃダメ」と叱ってもわかりませんから、危険なものや大切なものは、赤ちゃんの手の届かないところにしまって、叱らずにすむ環境を整えましょう。

・ちょっと大きくなって言葉が通じるようになった頃

幼児期の子どもは、ケンカも含めた子どもどうしの関わり合いの経験を通じて、お互いの心を整理したり、問題を解決する方法をみつけだしていくものです。

トラブルに発展しないようにと、親がいつも早めに子どもの場に介入しすぎると、子どもの生きる力が磨かれません。親としては、見守る勇気ももちましょう。もちろん、人の体を傷つける、人の心を傷つけることは、すぐに制止して叱るべきです。

子どもを叱る際は、次の3つのポイントも押さえておきましょう。

①きっぱりと「やってはいけない」とわかりやすく伝える

②夫婦同時に叱らない。子どもの「逃げ道」をつくる

パパが叱っているときは、ママが「逃げ道」になってあげます。その逆も同じです。パパとママ両方から叱られてしまうと、子どもの「逃げ道」がなくなります。どちらかがフォローに回ることが大事です。

③過去のことまでさかのぼって叱らない

子育てのゴールは**「子どもの自立」**です。パパはこまごまとしたお小言ではなく、大きな視野に立って、子どもの成長を見守り、必要なら叱る、という姿勢が大切でしょう。

Part 3

「子どもとパパの時間」のつくり方

生後半年から7年間、
娘に毎晩必ず絵本を読んでいました。
それはそれは僕にとって何より楽しく、
かけがえのない時間でした。
その濃密な娘との思い出が、
今も僕の心のハードディスクには
しっかり刻まれているんです。

パパが育児をすると、どんな効用がある？

パパが育児に参加する4つのよい影響

最近、育児をするパパが増えてきたのは、家族思いのパパが増えた、パパ自身が育児の楽しさに気づいた、といったことも理由にあるでしょう。

でも最大の理由は、パパが育児に積極的に関わることが、**子どもの心身の発達にとてもよい影響を及ぼす**、という認識が広まってきたからだと思います。心理学や教育学のさまざまな研究のデータでも、パパの育児参加による好事例が報告されています。

パパの育児参加は、子どもにとって、次の４つのよい特徴が現れるといわれます。

①情緒的に優れている

母親の興味関心だけではなく、父親の興味関心の影響も受けるため、子どもの興味関心の幅が広がります。その結果、子どもはいろいろなものに興味をもち、さまざまなことを感じたり、受け止めたりして、喜怒哀楽の感情に幅が出るのです。

②精神的に安定する

父親と母親という、異なる考え方をもつ複数の大人に日々接することで、ストレスにうまく対応できる人格が磨かれます。精神が安定している子どもは心が折れにくく、何かトラブルがあったときでも、対応方法を自分で探して実行する能力が身につきます。

③社会適応力がある

父子の交流を通じて、子どもは母子の交流とは異なる人間関係にふれます。これによって、子どもは集団の中でのコミュニケーションを楽しむことができるようになります。学校や社会で、人との関わりが上手になり、また、その関わりを楽しめるようになります。

④認知発達が優れている

認知発達とは、子どもが外の世界を認識、理解する能力を高めていく非常に大事な成長プロセスのことです。

子どもは日々、父親と母親のそれぞれ異なる考え方を受け止めるので、認知発達が進みます。さまざまな考え方を受け止め、それぞれの思いを察する能力は、子どもの学力向上にも直結します。つまり、勉強もできるようになるということです。

多様な大人を手本にして成長していく

パパの育児が子どもの発達によい効果がある大きな要因はずばり、**パパがママと違うこと**です。パパとママは別々の人間なので、性格も考え方も違うのが当たり前。その違う2人がともに育児に関わることで、子どもの環境はより豊かになります。

たとえば、パパは子どもに対して、ママとは違う言葉遣いや行動、対応をします。子どもはこれに対応することで、生き方の幅を広げることができます。子どもは多様な大人を手本に、さまざまなことを吸収しながら成長していきます。

ただし、パパとママ双方に、**「子どものことを大切に思っている」という共通認識があり、それをはっきり子どもに伝えていく**という前提が必要です。

そのためには、パパとママはお互いに手を取り合って、ともに子どもを愛し育んでいこうという共通の姿勢で、強い信頼関係によって結ばれていることが大事なのです。

こうした信頼関係がベースにあるからこそ、性格や考え方の異なるパパとママ、という多様性が、子どもを豊かに育んでいくのです。

パパはママと子どもの「安全基地」になろう

人見知りはなぜ起こる?

子どもが1歳くらいになると、知らない人の顔をみて、急に泣き出すようになります。これが「人見知り」です。以前は、誰に抱かれてもニコニコしてご機嫌だったり、話しかけられても平気だったのに……。

でも実は、**人見知りは、子どもがちゃんと成長しているうれしい出来事**なのです。

誰に対しても同じような反応だったのは、まだ周りの人たちをはっきりと区別できず、特定の人に対する愛着もなかったからです。

つまり、人見知りは、子どもの記憶や感情が発達し、「こんな人、知らないよ」と認識できるようになったということ。そして、「パパがいい!」「ママがいい!」と、安心して身をゆだねられる親に抱っこを求めるわけです。
この時期、親の顔が少しでもみえなくなると、子どもは泣き出すようになります。これは、「ある・ない」の感覚が、視覚を通してしか判断できないからです。「みえない」＝「ない」ということなので、みえないと不安になるのです。

しかし成長すると、少しの間、親の姿がみえなくても泣かなくなります。これは、「みえなくても、パパやママはいる」と心の中に親を認識できるようになるからです。

それまでの親子の関わりによって、**愛されている感覚がしっかりでき、心の中に「安全基地（心理学の概念で、子どもが安心感を感じる居場所）」ができた**というわけです。

パパはぜひ、子どもにとっての安全基地になることを目指してください。忙しくて赤ちゃんと接する時間が少ないパパだからこそ、子どもの心の中にしっかりと存在することが大切です。そして、育児に奮闘するママの心の安全基地にもなりましょう。

そのためにも、日々の家族との関わりが大切です。パパは子どもとママに安心感を与えてください。パパは、**子どもの心の中にしっかり存在し、ママとも強い信頼関係で結ばれている**ことが、家族の絆を強くするのです。

子どもとの関係づくりで大事なこと

スキンシップをすると、幸せを感じる！

では、パパが子どもの心の中にしっかり存在するために、どんな関係づくりをすればよいのでしょうか。１つは、**肌と肌のふれ合い＝「スキンシップ」**です。

子どもの心と体は、とても近い関係にあり、大人の比ではありません。体が感じる「快」や「不快」が、そのまま感情に結びついていきます。

「温かい」「お腹いっぱい」「気持ちいい」という感覚は「快」。「寒い」「お腹空いた」「気持ち悪い」という感覚は「不快」になります。

人は心地いいと気持ちも安定しますし、前向きになって元気が湧いてきます。だから、赤ちゃんのうちから「快」の状態を多くして、安心感を与えてあげることが大切なのです。

抱っこ、おんぶ、肩車などをすれば、赤ちゃんはパパの肌のぬくもりやにおいを感じます。いつでもどこでもタッチしたりギュッと抱きしめたり――。簡単なことですよね。

赤ちゃんとふれ合うと、赤ちゃんもニコニコします。パパも、ほんわかとした幸せを感じてニコニコになるはず。

親子という特定の人間どうしが愛情をもってふれ合い、「強い絆で結ばれている」と体と心で感じることを「アタッチメント」といいます。

これはママとでもそうですね。手をつなぐ、肩を寄せ合う、疲れたときにお互いに肩をもみ合う、ハグする……。**スキンシップは、お互いの心の距離を近くしてくれる**のです。

パパの好きなことを通して、子どもに楽しさを伝えよう

もう1つは、**「楽しい」という体験や感覚を子どもに直接伝える**こと。これも簡単に考えればいいことで、パパ自身が「楽しい」と思えることを通して、子どもと関わっていけばいいのです。

よく、「子どもには童謡を歌ってあげないと」「絵本は昔話みたいな正当派がいいのでは」と思っているパパがいます。でも、あまり堅苦しく考える必要はありません。

童謡も昔話もいいですが、もしパパが「飽きちゃう」「あんまり面白くない」と思うな

ら、パパが楽しいと思う歌を歌ったり、面白いと思う絵本を読んであげればいいのです。
なぜなら、「あまり楽しくない感じ」「強制的にやらされている感じ」は、どんなに子どもに隠そうとしても、パパの行動や表情にしっかり出てしまうからです。
パパが義務的に「仕方ないからこの絵本を読んであげよう」なんて思って読んでも、子どもはちっともうれしくありませんし、絵本の本当の楽しさも伝わりません。

「心から楽しい」という体験を子どもにさせるためには、**一緒にやっている大人が、心から楽しむことが一番**なのです。パパの笑顔が、子どもの楽しい気持ちを倍増させます。

- パパが好きな絵本を心底楽しんで読むと、子どもも楽しくなります
- パパが好きな音楽を一緒に口ずさむと、子どももうれしくなります

だから、パパ自身が「楽しい!」「面白い!」と実感できる遊び方で子どもたちと関わりましょう。野球、サッカー、電車、生き物、歌や楽器、絵画……なんでもOKです。ここでパパの「得意技」をさく裂させましょう!

パパが自信をもって生き生きとしている姿にこそ、子どもたちは惹《ひ》かれるのです。

子どもの成長に合わせて、どんな遊び方をすればいい？

体を使って遊ぼう・楽しもう！

赤ちゃんとの遊びの基本は、体と体のふれ合いです。

授乳やおむつ替え、着替えなどのお世話のふれ合いは、そのまま遊びにつながります。

さらに、お世話が終わったあと、手足を屈伸させる、おなかを「の」の字にさする、マッサージするなどして遊んであげましょう。

体をくっつけているだけでも、赤ちゃんはとても安心します。抱っこして「ゆーら、ゆーら」と声をかけながら左右にゆらしたり、みつめ合って声をかけたり、ほっぺをツンツンしたりしてみてください。

パパが仰向けに寝転び、ラッコのようにおなかの上で抱っこするのも、赤ちゃんは大好きです。いっぱいふれ合って、親子の絆を強くしていきましょう。

成長にともなって運動能力が発達してくると、**子どもは体を使った遊びがどんどん好きになります。**たとえば、1歳前後の頃は手足を動かすだけだったのが、2歳近くになると体全体を使って飛んだり跳ねたりするようになります。パパも一緒に体を動かすことで、日頃の運動不足解消、メタボ対策、気分転換にもなります。

子どもが楽しんでいるなら、とくに遊び方に決まりはないですが、1つだけ注意してほしいことがあります。

子どもの体つきがしっかりするにつれ、「高い高い」や「肩車」など、パパ遊びはついダイナミックな遊びになりがちです。そういう遊びを喜ぶ子どものほうが多いですが、なかには苦手な子どももいます。

また、体の成長度合いによっては、そういう遊び方がまだ早すぎるケースもあります。強くゆさぶったり、急に引っ張ることで、子どもの体や脳にストレスを与えることもあります。子どもの様子をよく観察しながら、泣いたりして嫌がるようなら、すぐにやめましょう。**遊びのランクアップは少しずつ**、が大切なのです。

月齢別の親子のいろいろな遊び方

▶ねんねの頃（0〜3カ月頃）

お世話のあと、手足を屈伸したり、お腹をさすったりします。横抱きした状態で、歌やリズムに合わせて静かにゆすると喜びます。

ゆする際は、首をしっかり固定して、赤ちゃんに安心感を与えてあげてください。

▶首すわり時期（3〜5カ月頃）

仰向けに寝ている赤ちゃんの両手をもって、ゆっくりと上体を起こしたり、手足を曲げたり伸ばしたりします。

赤ちゃんの目の前で、おもちゃのガラガラを振ってみたり、手のひらを合わせて「ポンポン」といったりして、擬音語を使って楽しませましょう。

▶おすわりの頃（6〜7カ月頃）

手遊び歌をしてあげると、赤ちゃんは喜びます。たとえば、「げんこつ山のたぬきさん」「せっせっせ」など。手遊び歌をするときは、正面で向き合い、赤ちゃんの手をもって、一緒にしてあげます。

パパは恥ずかしがらず、少し大げさな表情と身振りでやってあげるとよく伝わります。6カ月頃には、「いないいないばあ」をすると喜びます。

▶はいはい・たっちの頃（8〜11カ月頃）

赤ちゃんを抱っこして、クッションなどのやわらかいものをキックさせたり、両手で赤ちゃんの両脇を支えて、パパのひざの上でピョンピョン跳ねさせるなど、足を使った遊びを取り入れてみてください。

パパのお腹に赤ちゃんを乗せて、腹筋でもちあげるブリッジや、「高い高い」をしながらスクワットをすると、パパのよい運動にもなります。

▶あんよの頃（1〜2歳頃）

両足をもってあげて、手で歩く、逆立ちさせる。パパの首に両手でしっかりつかまれるようになったら、首につかまらせたままパパは手を離してブラブラさせるなど、家の中でもできるダイナミックな遊びに挑戦してみましょう。

どんなおもちゃを選べば、子どもは喜ぶ？

おもちゃ選びはパパの好みで選ぼう

おもちゃは、親子のコミュニケーションを助けてくれます。疲れて仕事から帰ってきたパパは、お風呂や寝かしつけのときに無口になりがち。それでは、赤ちゃんはつまらないですね。そこで、おもちゃの力を借りて、赤ちゃんとの対話をはずませましょう。

とはいえ、おもちゃ売り場には新商品が続々と登場し、おもちゃがあふれています。どれを選んだらいいか迷ってしまいますね。

最近では、「知育」「脳トレ」とネーミングされたおもちゃがブームです。しかし、それさえ与えておけば、「赤ちゃんの脳が発達を遂げて知能がアップする！」なんて期待は禁物です。

赤ちゃんの脳や心の発達のためにもっとも大切なのは、パパとママの愛情ある話しかけやスキンシップです。パパやママとの対話からたくさんの刺激を受けることで、赤ちゃんの能力は引き出され、成長していきます。

おもちゃ選びは堅苦しく考える必要はありません。赤ちゃんの間はまず、**パパ自身が「楽しそう！」「欲しい！」と思えるものを選べばいい**のです。たとえば、流行のブランドおもちゃ、手づくりの温もりあるおもちゃ、パパが好きな動物もの、子どもの頃に好きだった仮面ライダーなどのキャラクターもの——。

パパの好奇心いっぱいに、好きなおもちゃを選んだら、それで子どもと一緒に遊びましょう。その際は、おもちゃの反応や動き、音などのいろいろな仕掛けに対して、**パパも一緒になってびっくりしたり、喜んだりしてみせる**ことが大事です。

おもちゃを使って遊ぶと、わが子の成長ぶりを実感します。また、遊びのなかで、今までできなかったことができるようになる様子をみることもできるのです。

これは、親にとっては最高にうれしい瞬間です。パパは、子どもと接する時間がママに比べてどうしても少なくなりがちです。でも、おもちゃがあることで、「こんなこともできるようになったんだ！」という発見と驚きを味わうことができるのです。

月齢別のおすすめのおもちゃ

▶ねんねの頃（0〜3カ月頃）

にぎにぎ、おしゃぶり、ガラガラ、リストバンド、メリー（天井からつり下げる知育玩具）、オルゴールなど。さまざまな色、形、音、手ざわりのものにふれさせてあげましょう。

▶首すわり時期（3〜5カ月頃）

プレイマット、プレイジム（知育玩具付きのマット）、おきあがりこぼし、布絵本、やわらかいボール、鏡など。赤ちゃんは自分でにぎったり触れたりできるようになるので、おもちゃの幅も広がります。

▶おすわりの頃（6〜7カ月頃）

歯固め、お出かけ用（ベビーカー用）おもちゃ、タンバリンなどの打楽器など。赤ちゃんは手でとり、しっかりつかみ、持ち替えしながら両手で遊べるようになります。

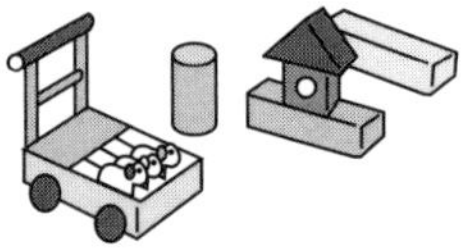

▶はいはい・たっちの頃（8〜 11 カ月頃）

動きのあるおもちゃを選んであげると大喜びします。動くおもちゃ、手押し車、お風呂遊びグッズ、ブロック、積み木など。

▶あんよの頃（1〜2歳頃）

プルトイ（引き車）、乗り物、水遊び、滑り台、ダンボールハウス、ままごとセット、ジャングルジム、シャボン玉、電車、ミニボウリング、パズルなど。自由自在に動き回れるようになるので、体を使って遊べるおもちゃを与えてみてください。

パパ流の絵本の読み聞かせをしてみよう

絵本を楽しむのに、上手・下手はまったく関係ない！

育児の中で、子どもとの関わり方はいろいろありますが、絵本の読み聞かせはとくにおすすめです。大人になると本を読まなくなる人もいますが、不思議と、絵本嫌いな子どもはほとんどいません。子どもはみんな絵本が大好きなのです。そして、**読んでもらうのはもっと大好き。**

パパが絵本を読んでくれると、子どもはとても喜びますし、パパの株もグ〜ンと急上昇します。絵本の読み聞かせをマスターすれば、自分の子どもだけでなく、他の子どもとも絵本を使って仲良くなることもできます。ぜひ挑戦してみましょう。

でも、「昔から人前で文章を読むのが苦手だった」というパパもいるでしょう。学校時代、教室で先生に指されて、教科書を読まされて失敗した、という苦い経験がある人もいるかもしれません。

絵本は、親子の重要なコミュニケーションのツール。正確にきっちり読むことより、**絵本を使って子どもと会話を楽しもう、という姿勢のほうが大事**です。少しくらい間違えて読んでも、つっかえても、かみかみでも、まったくかまいません。子どもは気にしません。親子で楽しく読めれば、それだけでいいのです。

絵本の読み聞かせをすると、パパが子どもと同じ世界を共有できます。これによって親子の会話がはずみ、子どもと濃密な時間を過ごすことができるようになります。

世の中のさまざまなことを教えてあげられる

114ページで、子どもへの接し方がパパとママで違うからこそ、パパの育児参加がよいと書きました。それは絵本の読み聞かせでも同じです。ママにはママの、パパにはパパのやり方があります。その違いが、子どもにとってはいいことなのです。

たとえば、**パパとママでは絵本の選び方が180度違っていい**のです。

一般的に、ママたちは優しい話や心温まる感動話の絵本、または子どもの教育によさそうな絵本を選ぶ傾向があります。でも、パパはママと同じ目線で選ぶ必要はありません。

むしろ、パパが選ぶ絵本は、自分が読んで楽しいものがいいのです。荒唐無稽《こうとうむけい》でナンセンスな物語や、ダジャレがいっぱいで面白いもの。電車や車・飛行機などのメカ系のもの。これらはパパの得意分野でしょう。ほかにも、ママたちは好んで選ばないウンチ・おしっこ・おならが登場する絵本は、実は子どもたちに大人気なのです。

ママとは多少趣味が違う本でも、パパが「この絵本を、俺が読んであげるんだ！」とママにちゃんといえば、うるさいことはいわれないものです。

そして、とくにパパにおすすめしたいのが、昔話や怖い絵本です。

怖いお化けや妖怪、迫力満点の怪獣が出てくるお話を、パパの低い声で読み聞かせると、効果てきめんです。臨場感が伝わって、子どもは本気で怖がります。そういう本は、ママが読むと嘘っぽく聞こえてしまい、なかなか臨場感が伝わりません。それにそもそも、ママは怖い絵本を敬遠しがちです。

でも、どんなに怖がっていても、子どもはパパと一緒だから、「楽しい！」「面白い！」と感じます。怖がっているはずなのに、「キャーキャー」と妙にうれしそうだったり、怖がるくせに、何度も同じ本を「これ読んで」とせがんだりするものです。

これこそ、パパの絵本の読み聞かせの本領発揮ですね。

絵本の効用は、子どもの情緒を豊かにし、やさしさや思いやりを育むところにありますが、それだけではありません。**絵本を通して、世の中の不条理を伝えるという効用もある**のです。だから、絵本の結末はハッピーエンドでなくてもいいのです。

子どもに対して、「豊かな心を育んでもらい、やさしさを教えたい」と親が思うのであれば、その対極にある苦しさや切なさも教えたいところです。なぜなら、苦しさや切なさを知ってこそ、本物の豊かな心、やさしさがわかるからです。

でも、自分の子どもにはなるべく、そうした体験はさせたくない、と思うのも親心でしょう。ですからなおのこと、苦しさや切なさを、絵本を使って学ばせてあげましょう。

絵本は、**パパの愛情をわが子に伝えたり、世の中のさまざまなことについて教えることができる大事な道具**なのです。

育児ブログを始めよう

子どもの成長をブログに記す！

育児の日々は、感動の連続です。しかし、子どもの成長はあっという間。**日々の出来事やそのときに感じたことは、書きとめておかないとすぐに忘れてしまいます。**

寝返りした、たっちした、歩いた――。子どもの人生初体験の瞬間に立ち会ったときの感激を、ぜひ日記につけておきましょう。記録に残しておくと、あとで記録をみたときにその当時の記憶もよみがえって楽しめますし、成長したわが子に教えられます。

記録をつける方法としておすすめなのが「育児ブログ」です。現に、多くのパパたちが育児ブログをつけています。日々の子どもの成長の様子を画像と一緒にブログにアップし、パパどうしでみせ合って楽しんでいるのです。

Part 4

パパと会社＆社会との付き合い方

仕事も育児も両方頑張るって、
簡単にできることじゃないでしょう。
でも、メインストリートから
ちょっと横道に入ってみることで、
いろんなことに気づきます。
その寄り道こそが
「パパ力」を鍛えてくれるし、
人としても成長して、
笑っているパパになれるんです。

パパはデキる！
和人は休日、近所の公園で
すごく育児なれしたパパに会った
あ、あゆむパパってどんなお仕事してるんですかぁ～？
ハハ…ミツルって呼んでください
フツーにメーカーで働いていますよ
今村充（31）
常に育児で頑張っているってアピールしておけば周りの理解は得やすいです
男の子が2人もいると家は戦場ですよ
そうよね～早く帰ってあげなきゃ
でもそのぶん集中して働いて仕事の生産性は高めないとね

やっぱり仕事デキる人が育児もデキると思うんです
そしてデキる男は――
ワークライフバランスもデキるようにならないと！
ワークライフバランス！それって武川さんも…
ワークライフバランスだ沢村！
これからは仕事《ワーク》と人生《ライフ》のバランスを考えて生きてかなきゃダメだ
成人式
子どもはあっという間に大きくなるし、定年してからも人生は長い
仕事も大事だが人生そのときそのときをちゃーんと楽しまないと！
――っていってたけど
そもそも俺仕事デキるほうじゃないし…難しいよな
ハァ…
なーにいってるんですか！

あんなかわいくて いい子を育てる ことがデキてる じゃないですか
仕事も育児と同じで「場数」じゃないですか？
こうしてパパ友、ママ友にグチれればストレス発散もできますし
ワークライフバランス 一緒にチャレンジ しましょうよ
ぐっ
こ、こんな近くにも 武川さんみたいな人が…！
そして平日
た、ただいま帰りましたぁ！
集中集中…効率性アップ！
タタタタ…
ぬっ
今日も早く帰る気かい？
それで成績上がるのぉ～？
ダメな部下がいると上司も困るんだよねぇ～
タタ
タタタ…
会社も余裕なんてないしリストラされたらどうすんの？
大事な家族が食えなくなっちゃうよぉ～？
グチネチ
グチネチ

で、でも
俺は…
仕事も人生も楽しみたいんだぁーっ
ポン
!
おいおい
会社の屋上なんかで叫んだら誰かに聞かれるぞ?
ス、ストレスたまっちゃって…
すぐ戻ります
思いつめるな沢村!
俺たち社会人は社会で生きるべきだ!
!?
ニカッ

社会は急速に変化している
給料は上がりにくくなったし、
国の政策も二転三転――
会社だけで生きていればいい
もうそんな時代じゃないんだよ
たとえ職を失ったって
人や社会とつながって
いれば何とかなるはずだ
お前の生き方は正しい!!
自信をもて!
胸を張れ!
ニヤ
た…
武川すゎん…
うわあぁぁ。。
おいおいどうしたぁ?
パパが泣き虫じゃあ
子どもにしめしが
つかないぞぉ!?

子どもの誕生は、自分の人生をよりよい方向に変えるチャンス！

「大変」だからこそ「大きく変わる」ことができる

子どもが誕生すると、あなたには「守るべき家族」ができます。すると、今までは自由気ままに生きてきた人でも、これからは自分の人生に責任が生じます。「しっかり生きよう」という覚悟も生まれてきて、人生設計もよりリアルになるのです。

まず、時間の使い方を変えよう、と思うようになります。たとえば、毎日何となく残業していた人が、愛する家族との時間を増やしたいと思って、仕事を効率よく終わらせ、早く帰宅するように努力するようになるのです。

つまり、わが子の誕生は、**仕事人間から脱皮するいいチャンス**なのです。

ひと昔前なら、「男の本分は仕事だ」といって、身を粉にして働くのが普通の男の姿でした。当時はママも子どもも、そうしたパパの姿を当たり前だと考えていました。

でも、現代はそうした企業戦士がもてはやされる時代ではありません。今どきのママや子どもは、家庭をかえりみない「仕事だけのパパ」を尊敬してはくれないのです。たとえば、パパと共有する思い出が少ない子どもは、パパとの会話が減る傾向があります。

そして世の中でも、育児をしない男性は、家族を大切に考えていない、とみられるようになってきました。

さらに怖いことをいえば、最近では女性の自立が進み、熟年離婚が大流行しています。家庭をおざなりにしているパパは、定年後にいきなり奥さんから離婚届をつきつけられる危険だってあるのです。

また、現在の日本経済は不況で、急なリストラで会社に居場所がなくなることもありえます。そんなとき、会社にも家庭にも身の置き所がない男性の末路は悲惨です。

逆に、仕事が不安定になったとき、**家族の支えがあれば、困難を力強く乗り越えていくことができます。**

「大変」という言葉は、「大きく変わる」とも読めます。仕事と育児で大変なときこそ、自分の人生をよりよい方向に大きく変えることができるのです。

ワークとライフ、どちらも大事にし、どちらも楽しもう

本当に一番大切にすべきなのは？

もし、お医者さんから「あなたの命はあと1週間です」と宣告されたら、あなたはどうしますか。「よし、残りの人生は仕事するぞ」なんて思う人は、ほとんどいないのではないでしょうか。残された人生の時間は、「大切な家族と一緒に過ごそう」と思うことでしょう。

多くの男性はふだん、仕事（会社）を人生の最優先事項にしがちですが、当然ながら、仕事は人生を構成する1つの要素にすぎないということです。

給料を稼いで家族を養うためにも、自己実現をめざして充実した人生を過ごすためにも、仕事はたしかに大切です。でも、あなたにとって本当に一番大切にすべきなのは、家族な

のではないでしょうか。

仕事とプライベートは重なる部分が結構ある

最近、ワークライフバランスという言葉をよく耳にします。この言葉が広まりつつあるのも、世の中の多くの男性の意識が、仕事だけの人生には飽き足らず、自分の家庭を大事にし、育児に積極的に取り組もう、とする変化の表れなのだと思います。

ただし、ワークライフバランスだからといって、ワーク（仕事）とライフ（プライベート）を厳密に切り分けて考える必要は、あまりないとも思います。

人生を楽しんでいる人を観察してみると、プライベートの人脈や趣味の世界を、自分の仕事に上手に取り込んでいる印象があります。

たとえば、趣味の料理好きが嵩《こう》じてパパ料理研究家という職業をつくった人、週末に少年野球のコーチをするなかで学んだ育成術を、会社の部下育成に応用している人などがいます。

仕事とプライベートの両方がほどよく行き交う生き方のほうが、積極的に自分の人生全体を楽しんでいけると思うのです。

つまり、最高のワークライフバランスとは、ワークとライフの垣根がなく、常に人生を楽しんでいられる状態のこと。そういう意味では、「バランス」よりも「ブレンド」という言葉のほうがしっくりとくる気がします。

とはいえ、仕事とプライベートはきっちり分けたい、ということでもよいと思います。大事なのは、**パパになったからには、人生を仕事だけに傾けず、家族を大切にする生き方へとシフトさせていく**ことです。

仕事と育児の両方を楽しむためのやり方に、正解はありません。自分なりの方法を模索してみてください。きっと、あなたらしいやり方がみつかると思います。

ただし、1つだけ皆に共通することを挙げると、仕事と育児を楽しむポイントは、義務と思ってやらないことです。義務感で取り組むと、何事もつまらなくなります。

反対に、**自分からすすんでやると、何をしても面白く感じますし、アイデアが湧いて、行動力も発揮でき、おのずとよい成果をもたらします。**

人生において、仕事も育児も両方が重要です。パパへの応援メッセージは、「仕事と思うな、人生と思え。育児と思うな、人生と思え」。その心は、パパは仕事も育児も全力投球して、人生全体を思いっきり楽しみましょう！　ということです。

育児は期間限定の感動のプロジェクトだ！

経験者は、仕事よりも育児のほうが大変という

ＮＨＫの「プロジェクトＸ」という大人気だったテレビ番組をご存じでしょうか。番組では、絶体絶命な状況に陥ったとき、楽な選択肢よりも困難な道を選ぶことで活路を見出し、ビジネスを成功へと導いていく話がたびたび登場しました。

あえて困難な道でチャレンジすることで、個人やチームの問題解決能力が高まり、より大きな価値のある仕事を成し遂げることができたのです。そして、その生き様に感動のドラマが生まれます。

育児も、とても困難なプロジェクトです。多くのパパたちが口をそろえて、「仕事より

も育児のほうが大変だ」といいます。

仕事もたしかに大変です。でも、何年も経験を積んでいくうちに、うまくいくやり方やコツを覚えて、たいていの問題は解決できるようになります。

一方、育児の場合は、初体験のことだらけで失敗ばかり。とくに第1子の育児のときは、何をどうしてよいやらさっぱりわかりません。大声で泣く赤ちゃんを目の前にして手も足も出ず、途方に暮れてしまうこともたびたびあります。

また、仕事では困ったときに上司や同僚にサポートを頼むことができます。極端にいえば、自分がいなくても仕事は回るのです。

でも、育児では親の代わりはいません。託児所に子どもを数時間預けることはできても、男親の役割自体はパパが自分で果たすしかないのです。

ちょっと大げさにいえば、**「育児は命をかけたプロジェクト」**です。

なぜなら、乳幼児期は、ちょっと目をそらした隙に「ヒヤッ！」とすることが日常的に起こります。赤ちゃんは、ちょっとした不注意による事故で、大けがをしてしまうことだってありえます。

こんな命がけの仕事を、ママ1人だけに任せるわけにはいきませんよね。

パパが育児にハマる3つのツボ

「プロジェクトX」にはハマるツボが次の3つあります。

①プロジェクトが困難であればあるほど、達成したときの感動と喜びが大きい
②支え合う仲間がいるからこそ、感動のストーリーが生まれる
③当時の経験がハードであるほど、振り返ったときに美談となって聴衆の涙をそそる

実は、この3つのツボは、すべて育児にも当てはまるのです。

①育児も、次々と困難な事態に遭遇する

そうした困難を乗り越えてこそ、子どもの成長はいっそう感慨深いものになります。

②ママという最強の仲間が存在する

愛情でつながっていた夫婦が、一緒に育児のプロジェクトをやり遂げることで感動のストーリーが生まれ、「戦友」であるママと、熱い信頼関係が築けます。

③さまざまな修羅場が次から次へと登場する

仕事との折り合い、実家の両親との付き合い、地域との付き合いなどの修羅場をくぐり抜けて、パパ自身も大きく成長することができます。まさに、育児は「育自」であり、

「育父《いくじ》」ともいえるのです。

もし、「俺もプロジェクトXみたいな仕事がしたいなぁ」と思っている人がいるとしたら、「子育てにコミットすれば、自宅でプロジェクトXを敢行できますよ」といってあげたいくらいです。

育児の賞味期限は10年といわれます。なぜなら、子どもが思春期にもなると、親よりも友達のほうが大事になり、親と一緒に行動してはくれなくなるのが普通だからです。

つまり、育児は**「期間限定のプロジェクト」**。「今は仕事が最優先で、育児は後回しだ」なんていっているうちに、あっという間に子どもは成長して、パパの出番はなくなってしまいます。

なかでも、赤ちゃんの成長を味わう日々には、何物にも代えがたい喜びがあります。初めての、はいはい、たっち、歩き始め……。こんな感動の瞬間を見逃すなんて、とてももったいないことだと思います。

育児で学んだことは、仕事にも生きてくる

ハプニングやトラブルに強くなる

142ページで仕事と育児は重なるといいましたが、育児で学んだことには、仕事に生かせる部分がたくさんあります。

まず、育児はハプニングやトラブルの連続です。子どもの健康と安全を守るためにも、パパは不測の事態が起こらないように、常に子どもや周囲に目を配っていなければなりません。

たとえば、和人のように、外出先の公園で赤ちゃんがウンチをしたら、持参した大きめのタオルを公園のベンチの上に敷いて、機動的におむつ替えをしなくてはなりません。

また、赤ちゃんが夜、急に熱を出して苦しそうにしているとなったら、吐いたり下痢を

したりしていないか、体に発疹《ほっしん》が出ていないかなどもよく調べて、今すぐ、急患で病院に行くかどうかを判断しなくてはなりません。

あなたがこうした事態を繰り返し乗り越えることで、**とっさの判断と行動力、リスク対応能力が磨かれていき、それは仕事においても生きてくる**のです。

多くのパパたちは、子どもを育てることを通して、より質の高い仕事ができるようになったと証言しています。

人をほめる技術が磨かれ、仕事がうまくいく

また、育児をすると、日常的に子どもをほめるシーンが出てきますから、人をほめる技術が自然と磨かれます。

たとえば、赤ちゃんが初めてはいはいした、たっちした、歩いたとき、パパは大喜びでほめちぎります。すると、赤ちゃんはうれしくなって、何度もやろうと頑張ります。これをみて、**「人はほめることで成長する」**ことを、パパは実感します。

また、子どもは言葉を話すようになると、「みてみて!」と親をよく呼びます。子どもは自信のあるときに「みて!」といってきますから、そのときがほめる絶好のタイミングです。パパは、子どもの「みて」にすかさず反応して、ほめるようになります。

実は、子どもに限らず、人はもともとほめられて伸びる生き物です。ほめられると頑張りたくなるのは、大人も同じ。チームのメンバーや取引先など、仕事の関係者に気持ちよく動いてもらおうと思うなら、ほめることがとても効果的です。

たとえば、あなたの部下が企画書をもってきたら、まずはよいところを探して、「視点がユニークでよいぞ」などとほめる。そのあと、「でも、ここをこう変えると、もっとよくなるぞ」と具体的な指示を出すと、素直にアドバイスをきいてくれるものです。

また、取引先に出かけたら、最初に「御社のオフィスはいつも活気があってよいですね」などとほめて場を和ませてから商談に入ると、うまくいくものです。

このように、ビジネスの世界でもほめることが大事なのは、誰でも頭ではわかっています。でも、実際はなかなか行動に移せていないのが現実です。なぜでしょうか。

その大きな理由は、男性がふだんから人をほめることに慣れておらず、行動に移せていないからです。

でも、**子育て上手なパパは、日常的にほめる技術を磨いています**から、相手へのほめ方が自然です。周囲が味方になってくれて、仕事もうまく回っていくのです。

「子どもができてから、人をほめるのがうまくなった」というパパの声はよく聞きます。

若手の成長を見守る度量がもてる

子どもは、2歳くらいになると「イヤイヤ期」に入ります。何をするにも「イヤ！」と意固地になって、親のいうことをきかなくなるものです。

でもイヤイヤは、子どもの自我が芽生えてきた証拠で、自立して生きていく訓練をしているのです。子どもが順調に自立している証と捉えれば、厄介と思うどころか、むしろ喜ばしく感じてしまうものです。

反抗期を経て子どもが育っていく経験を積んだパパは、**人の成長を温かく見守ることができるようになります。**

職場で若手が会議などで反対意見を述べたり、自分の提案を曲げないと、年長者は腹が立ち、つい「生意気だ」と上から押さえつけたくなるものです。

でも、部下や後輩に成長してほしいと望むなら、彼ら若手が自立し、自分で判断しながら仕事を進められるようになることを、応援しなければなりません。

育児に慣れたパパなら、部下から反対意見が出たとしても、「こいつも成長したな」と頼もしく感じる心の余裕と広さがあり、部下・後輩の育成に臨む姿勢がひとまわり大きくなるのです。

「パパ宣言」をして、職場を味方につけよう

職場のメンバーにあなたの考えを理解してもらおう

仕事と育児の両立は、職場の理解が欠かせません。

そこでパパになったら、育児がスムーズにできるように、職場で「パパ宣言」をして、「自分は家族を大切にしている」「育児に積極的に関わろうと思っている」ことを、折に触れて自然な形でアピールすることをおすすめします。

多くのパパたちがやっているパパ宣言のやり方を3つ紹介しましょう。

①携帯電話の画面やパソコンのデスクトップに、子どもの写真を飾る

手始めにこれなら、すぐにできますね。時々、周囲に写真をみせてみましょう。

②オフィスの自分のデスクの上に、家族の写真が入ったフォトフレームを置く

ちょっと照れくさいかもしれませんが、アメリカのオフィスなどでは当たり前にある光景です。一度置いてしまえば、あとはそれが当たり前になります。

写真をみた人は、「わあかわいい。お子さん？」と話しかけてくるはず。そこで「はい、○歳になるんです」と答えれば、あなたがパパであり、家族を大切にしていることが職場に自然と伝わります。

③仕事の合間に、家族の話題を振る

お昼休みや移動時間などに上司や先輩、同僚と一緒になったら、こちらから進んで家族の話題を出してみましょう。そうすることで、仕事の仲間にあなたの優先順位を理解してもらうことができます。

たとえば、帰宅後に家族とどう過ごしているかを話すことで、終業時刻間際になって急な仕事を振られることが減るかもしれません。また、付き合いの飲み会でも、遅くまで引っ張り回されることがなくなるでしょう。

相手もパパの場合は、意外と話に乗ってきて、それぞれの家族の話で盛り上がることがよくあります。相手も遠慮して、あえて家族の話をしないというケースが多いからです。

パパ宣言は、子どもが生まれる前からしておくのがおすすめです。

奥さんが妊娠中なら、奥さんの様子や出産準備の話がよいでしょう。生まれる前から地道なアピールをすることで、いざ出産のときに休暇がとりやすくなります。

パパ宣言をするうえで気をつけたいのは、自分のことばかりを話さないこと。「会話上手は聞き上手」とよくいわれます。相手の家族や趣味のことなどもよく聞いてあげましょう。

「子どもの話ばかりして大丈夫かな」と気にする必要はありません。同僚が集まると一番話題に上るのが上司の悪口や仕事の愚痴だ、とよくいわれますね。

でも、悪口や愚痴をえんえんと話すより、自分たちが楽しんでいる育児についてワイワイ話すほうが、よほど建設的で楽しいと思いませんか。

「パパ宣言」は周囲の人たちのためにもなる

職場でパパ宣言をすると、**女性社員を味方にすることもできます。**

なぜなら、世の多くの女性は、育児に積極的な男性が増えることを望んでいるからです。

だから、パパ宣言をしたあなたに、陰ながらエールを送ってくれること間違いなしです。

また、女性社員だけでなく、**パパ予備軍である後輩の男性社員も味方にできます。**

男性の育児休業取得が増えない理由の1つは、社内に前例がないからだといわれています。だから、あなたが育児休業を取得するとそれが前例となり、あとに続く人たちも育児休業をとりやすくなるのです。

「自分の都合で周囲に迷惑をかけては……」と遠慮して、育児休業取得に消極的になってしまうパパがいます。でも、後輩たちのために道をつくってあげる気持ちで取得してみてはどうでしょうか。

パパ宣言をすると、周囲から、とくに上司から「仕事を軽んじている」とみられたり、評価が低くなるのではと、怖れる人もいるでしょう。

でも、ちょっと考えてみてください。あなたは何のために働いているのでしょうか。上司の評価ばかり気にして帰宅時刻が遅くなり、家族との幸せな時間を犠牲にするとしたら、それこそ本末転倒でしょう。

仕事の成果は、働く時間の長さで決まるものではありません。「家族のために働くのだ」と心に決め、真摯《しんし》な態度で仕事に打ち込むあなたの姿は必ず周囲に伝わり、あなたのことをきっと理解してくれるはずです。

両立のノウハウは、ワーキングマザーの働き方に学べる

パパたちに共通する悩みとは？

これまで、パパが育児に取り組むメリットについて述べてきましたが、現実には、多くのパパたちが「家族のことはとても大切に思っているけれど、仕事が忙しすぎて育児の時間がとれない」と嘆いています。

仕事と育児の両立に悩んでいるパパたちからの相談を受けていると、具体的な課題がいろいろとあがってきます。代表的なものは、

- 残業なしではすまされないほど仕事量が多い
- 自分が早く帰ると同僚に迷惑をかけてしまう
- 職場の上司が育児に理解がなくて、育児を理由に休めない

といったもの。同じ働くパパとして、共感できる内容ばかりです。

こうした課題を解決するために、どこかにお手本となる人はいないのでしょうか。

実は、あなたの身近に、そうした困難を見事に乗り越えてきた先輩たちがいるのです。それは、ワーキングマザーです。

ワーキングマザーは、仕事と育児を両立させるべく、必死な思いでさまざまな問題を乗り越えてきました。彼女たちに話を聞くと、両立するために必須なことは、「自分がやるしかない」という強い意志と覚悟であることがわかります。

たとえば、いくら育児に積極的なパパが増えたとはいえ、共働きの家庭で子どもが急に発熱したら、仕事を休んで看病するのは、やはりママであるケースが多いのです。それは、ワーキングマザーが腹をくくって、育児をしているという証拠でしょう。

ワーキングマザーは、子どもの急なトラブルで仕事に穴をあけても、職場への影響ができるかぎり少なくなるように、次のような取り組みをしています。

- **不測の事態に常に備えて、前もって仕事の調整を図っている**
- **仕事を1人で抱え込まず、他の人でもできるように「見える化」している**

・自分が休んだときにサポートしてくれる上司や同僚に、常に感謝の気持ちを伝え、応援者をつくっている
・逆に、自分が頼られたときには喜んで手助けをする
・おじいちゃんやおばあちゃん、近所のママ友と連携をとって助け合っている

これらの取り組みに共通するのは、**「困ったときはお互い様」**の精神です。仕事も育児もあきらめないために、職場や地域において、協力的な関係をつくり上げているのです。

このように、ワーキングマザーのさまざまな工夫はとても参考になります。会社の先輩や同僚など、身近に親しいワーキングマザーがいたら、ぜひ両立のノウハウについて聞いてみてください。得るものは多いと思います。

両立にとって、まず最初に大事なことは、ワーキングマザーがもっている**強い意志と覚悟を見習うこと**だと思います。つまり、「できる・できない」ではなく、「やるしかない」と腹をくくることです。

理解のない上司に対しても、あきらめずに自分の置かれた状況を説明し続け、自分が実現できることを模索していく——。本気でわが子を守ろう、という気持ちがあれば、さまざまなノウハウが身につき、突破力も生まれて、両立が可能になるのだと思います。

Episode 8

つながれ、みんな!

和人の休日――

エッ…「パパ友会」?

うん! あゆむくんパパのミツルさんが自分のパパ友を紹介してくれるって!

社会とつながる第一歩が「地域」だからね! 子どもの年もみんなたからと近いらしいから
よっと!

ミツルさんのマンションまで2人で行ってくるね!

こんにちはぁ!

僕らのマンション古いから住人どうしの付き合いがけっこうあるんですよ
はじめまして!!

挨拶しているうちに仲良くなって
やっぱりパパの育児も——
仲間がいたほうが気がラクになるし
そ、そうですねぇ
今度、家族ぐるみでバーベキューでもしませんか?
もともとママどうしはけっこーつながってるみたいだし
バーベキューかあ…
いいですね!
ワイーワイ
お肉焼けたよー!

うん、おいしー！
青空の下で食べる肉ってサイコー！
けっこー集まったね
みんな毎日育児がんばってるし…たまには気晴らししたいわよね
アハハ…
ママたちもこーゆー機会があったほうがますます仲良くなれるし…
バーベキューって男向きの仕事が多いからパパも打ち解けやすいかもね
ドーゾ！
ありがとう！
飲んでもいいよ？お酒
そのほうがパパだってしゃべりやすいんじゃない？
だ、大丈夫だよノンアルコールビールで！
断乳前で飲めないママも多いし…
なんか…和人のコト惚れ直しちゃった！
えっ!?

最初は正直すごく頼り
なかったけど――
自分も不安なはずなのに
私のことを気遣って
くれて
たからにも
つくしてくれて…
さらにパパ友まで
つくっちゃって…
パパになってから
成長しまくりね！
ニコッ！
私、和人と結婚して
ホントよかった！
み…みずき
ちゃん…
ワーン
この声
は…
たから！
わーん！
子どもがいると――
いいムードにも
なりにくいよナ…
そして――
その少し後の週末
居酒屋
カーン！
かんぱーい!!

いやー！ついにパパだけで飲めますねー！
貴重な休日なのに、ママたちよく許してくれたなぁ～
そりゃぁ日頃の行いがいいからでしょ！
やっぱ男は友と飲みたいしね…
ママいると気ぃ遣うし
子どもがいたら酔えないしねぇ～
——でも
大変っちゃぁ大変だけどいいっすよねぇパパって！
！
そりゃあ！
家族や社会との絆も深まるし！
子どもはかわいいし！
ウン
ウン
でもいつかは巣立ちますけどねたからちゃんだってお嫁に…
え!?
たからは嫁に行かせない！
またそんなぁ～
いや俺本気だから!!
居酒屋

パパ友をつくると、育児がより楽しくなる

気楽な関係で、何でも話せるのがパパ友

パパが育児を楽しく続けるコツは、「パパ友」をつくることです（和人のように）。

でも、パパたちは、パパ友づくりがあまり得意ではありません。

休日にパパが子どもを連れて公園に遊びに行って、そこに他のパパがいたとしても、パパたちはなかなか自分から話しかけられません。ママのように、公園で出会った他のママと意気投合し、そのままママ友に発展するなんてことは、めったにありません。

でも本当は、パパも育児について語りたいのです。現に、パパ講座などで育児について自由に語り合える場をつくると、参加したパパたちは、育児で感動したことや困ったことなどをうれしそうに話し始めます。

語り合える仲間ができると、育児は俄然《がぜん》、楽しくなります。

子どもができたら、ちょっと勇気を出して、パパ友づくりを始めてみましょう。たとえば、各地域の行政やＮＰＯ法人が運営している育児イベントに参加してパパ友をつくる方法があります。先に述べたように、子育てひろばや児童館に出かけて、他のパパと知り合いになることもできます。また、ママ友のつながりからパパ友をつくり、数名のグループに発展させる方法もあります。

パパ友ができたあとは、定期的に飲み会を開催したり、メーリングリストをつくって情報交換をしたり、子育てサークルを運営したりして、パパ友ネットワークを盛り上げていくとよいでしょう。

パパ友は、**仕事上の利害がないので気楽な関係がつくれますし、何でも話せる気持ちのいい友人関係になれます。**

育児のモチベーションがアップする

パパどうしの距離感を近づけるには、やはり飲み会を開くことが有効でしょう。男どうしの関係づくりは、アルコールのパワーを借りるとやりやすくなります。

パパ飲み会では、会社の人といるときの建前は捨てて、本音をさらけ出して、ビールなどを片手に「わが子LOVE!」を熱く語り合います。仕事の話は、とくにする必要はありません。飲めないパパでも大丈夫。そういうパパは、ソフトドリンクで皆と乾杯します。

さらに、パパ友どうしの絆を深めたいときは、小さなプロジェクトを一緒に実行するとよいでしょう。活発に意見交換して、お互いに協力して何かを実現させることで、親しさが増すのです。和人のように、家族ぐるみのバーベキュー大会をパパ友どうしで企画すれば、交流も深まります。

男性は、ほめられたり、認められることで、やる気が湧いてくるものです。ところが家庭内では、最初は育児参加するだけでほめてくれたママは、しだいにパパをみる目が厳しくなり、簡単にほめなくなります。それどころか、細かいチェックを受けて注意されるようになり、パパの育児のモチベーションが下がったりします。

そんなとき、パパ友がいれば、**お互いに認め合いほめあって、モチベーションを維持したり上げたりできます**ね。また、子どもやママへの接し方について相談したり、自らの育児行動を振り返ることもできます。たまには愚痴をいってもいいでしょう。

さらに、自分のモデルとなるような先輩パパがいれば、育児の指針ができて、より力強く育児に向かっていくこともできるようになります。

地元のネットワークに参加してみよう

子どもが小さいうちに地域デビューしよう

子どもが安心・安全に育つためには、自分たちが生活している地域の環境がとても重要になります。育児がしやすい地域とは、次のようなことが挙げられます。

- 子どもを預ける施設や遊び場、病院などのインフラが充実している
- 自治体の育児支援策が充実していて、手厚い支援金制度もある
- 保育園の待機児童数が少ない
- 出生率が高く、子どもが多い
- 緑が豊富にあるなど、自然環境がよい
- 地域住民に活気があり、コミュニケーションがとりやすい

でも、育児環境でとくに重要なのは、そこで暮らす人たちどうしの関わり合いです。地域にはそれぞれ独自の育児環境がありますが、それは、その地域で育児に関わるすべての人たちによってつくられるものなのです。

ですから、地域の育児環境をよくしようと思ったら、**パパたちが積極的に地域と関わっていくことが大事**なのです。

ところが、ママが妊娠中のパパや乳幼児のパパは、育児に関する情報が最も必要な時期なのに、地元とのつながりが薄いまま。会社で遅い時刻まで仕事していると、家族と過ごす時間が少なくなるだけでなく、地域とのつながりも疎遠なままになってしまいます。

そこで、新米パパのときから「地域デビュー」して、意識的に地元のネットワークをつくっていきましょう。164ページでパパ友づくりの方法を紹介しましたが、そこからさらに一歩踏み出して、地元と深く関っていくことをおすすめします。

そのための近道は、まず自治体が行っているパパ向けの育児講座に参加することです。育児講座の情報収集は、自治体のＷｅｂサイトで調べると便利です。

また、自治体がつくっているパパ向けのハンドブックや広報紙などからも情報収集できます。

講座に参加して地元のパパ友やママ友ができると、**耳寄りな「ローカル情報」がどんどん入ってきます。**このローカル情報はとても貴重で、かなり使えます。

新米パパのうちから地元のネットワークをつくり、子どもを介して地域の行事や子ども会の活動、自治会などの運営にも関われば、おのずと地元に根が張れます。

地元のネットワークが、パパと子どもを助けてくれる

地元のネットワークは、育児情報の取得だけでなく、子どもの安全確保にも役立ちます。**子どもが小学生になって、自分で行動するようになったとき、地域のパパ友の目があなたの子どもを見守る目になってくれる**からです。

また、地震などの災害が起こったとき、パパは職場からすぐに家族の元に帰れないこともあるでしょう。そんなとき、地域のパパ友が、あなたの子どもを気にかけ、救ってくれるかもしれません。

地元のネットワークは、パパ自身にもたくさんのメリットがあります。

まず、仕事では決して知り合えない人たちと出会い、子どもの成長を通じてずっと付き合っていける心強く、得難い仲間ができます。

この仲間は、いざというときの**「心のセーフティーネット」になってくれます。**

万が一、あなたの会社がリストラを始めたら、同じように厳しい状況に立たされている職場の同僚には、なかなか相談をしたり、助けを求めづらいでしょう。でも、職場も職種も年齢も異なる地元の仲間なら、相談に乗ってくれることもあるでしょう。

ところで実は、男性が地域のさまざまな諸問題に関わる出番は、意外と多いものです。たとえば、行政や学校・保育園に、子どもをもつ親として要望を訴えたいとき、ママたちだけでは軽んじられてしまうこともあります。

ところが、**パパが登場することで重みが増し、切迫感が通じて、相手の対応がガラリと変わる**ことがあります。

パパが仕事で培った交渉力が発揮されたり、男性どうしの話し合いのほうが交渉がスムーズに進みやすいということもあるでしょう。

パパが登場したら、積み上げられたままの問題が次々と解決されていく——。そんな「地域の頼れるパパ」になれたら格好いいですね。

育児は「アナザーワールド」の入り口だ！

新たな発想や視点が生まれる！

パパは育児をきっかけに、未知の世界「アナザーワールド」に足を踏み入れます。これまで知らなかったさまざまなことを知り、より充実した人生を過ごせるのです。

たとえば、パパもびっくりするようなベビー用品、アニメキャラクターとの出会いがそうです。子ども向けのアニメ映画を子連れで堂々とみに行って、感動のストーリーに涙することもあるでしょう。

また、ベビーカーを押すと、歩道の段差が気になったり、外出先のエレベーターやトイレなどの不便さを感じて、バリアフリーについて関心をもつようになります。

さらに、これまで行政の施策などに無関心・無頓着だったのに、子どもの誕生をきっかけに育児支援策や公共施設の利便性などに対して問題意識がむくむく湧き起こってきます。

つまり、育児によって、**シチズンシップ（市民感覚）が育まれ、社会に対して目覚める**のです。


そして、社会問題へのアンテナも鋭くなります。

たとえば、保育園の入園申請をする際に、「保育園の待機児童はこんなに多いんだ」というリアルな実感とともに、行政の問題点を指摘できるようになります。

また、ネグレクト（育児放棄）などの痛ましいニュースを聞くと、行政を含めた対策法を本気で考えて議論するようになります。


自他ともに認める「仕事人間」であった、IT企業のある社長は、長男の誕生を機に2週間の育児休業をとって育児に奮闘したあとの感想として、「育児は人類の未来をつくること」「(仕事よりも) 育児が大事」と述べました。

その社長は、育児に真剣に取り組むことで、その大切さに初めて気づいたのです。

パパは子どもの誕生をきっかけに、今まで知らなかったことを知り、みえなかったことがみえてきます。つまり、育児は、**男性を人間的に大きく成長させてくれる**のです。

あなたも、育児を通してアナザーワールドへの扉を開き、自分が活躍するフィールドを社会全体へと大きく広げていきませんか。

おわりに

パパになってよかった！

初めて赤ちゃんを抱いたら、生命の神秘、命のはかなさを感じ、「父親」としての自覚が芽生えました。「この命を守らなければ！」という決意が自然に湧いてきたのです。

子どもに「パパ、大好き！」といわれて、面《おも》映《は》ゆさとともに、これまで味わったことのない喜びがこみあげてきて、「パパになってよかった！」と実感しました。

育児に奮闘するなかで、ママから「ありがとう」と感謝されて、2人の信頼関係が増してより強い絆で結ばれ、「生涯のパートナーになれた！」と心強く感じました。

出産は子どもの誕生であると同時に、パパの誕生でもあります。赤ちゃんと同じように、パパもママも0歳からスタートです。初めから完璧な父親を目指そうと無理をせず、できることから始めてみましょう。僕らファザーリング・ジャパンのパパたちも、最初は右も左もわ

からない新米パパからのスタートでした。

ファザーリング・ジャパンは、「父親であることを楽しもう」というメッセージのもと、5年以上にわたってパパの教育・支援活動を行ってきました。この活動を通じて日本中のたくさんのパパたちに出会ってきたなかで、育児を積極的に楽しんでいる「笑っているパパ」が増えてきた手応えを感じています。

日本の少子化を止める鍵は、男性の育児参画にあるといわれます。育児負担が軽くなれば、ママも育児に対して前向きになれて、「2人目を産みたい」と思えるからです。

でも何より、パパが育児に関わって、家族みんなが幸せになることが一番重要です。パパが育児を楽しむことで、子どもは笑顔になり、ママは喜びます。家族全員が明るくなります。そして、それが社会全体をも明るくします。だから、パパの育児は、日本を元気にする出発点なのです。

本書が、読者の皆さまにとって「パパになってよかった!」と思えるきっかけの1つとなり、日本のパパと家族の笑顔が増えることに貢献できればいいなと願っています。

ファザーリング・ジャパン

【編著者紹介】

安藤 哲也（あんどう・てつや）

◉——1962年東京都生まれ。妻と長女（97年生）、長男（2000年生）、次男（08年生）の5人家族のパパ。明治大学卒業後、出版社、書店、ＩＴ企業など９回の転職を経て、06年パパの育児支援を行うＮＰＯ法人ファザーリング・ジャパンを設立、代表就任。企業・一般向けのパパセミナー、絵本の出張読み聞かせ活動「パパ's絵本プロジェクト」などで全国を飛び回る。

◉——娘と息子の通った保育園、学童保育クラブの父母会長、公立小学校のＰＴＡ会長を務めた。現在、厚生労働省「イクメンプロジェクト」推進チーム座長、内閣府・男女共同参画推進連携会議委員、子育て応援とうきょう会議実行委員、にっぽん子育て応援団団長などを務める。著書に『本屋はサイコー！』（新潮社）、『パパの極意』（ＮＨＫ出版）、『パパの危機管理ハンドブック』（ホーム社）、共著に『絵本であそぼ！』（小学館）、『パパルール』（合同出版）などがある。新聞・雑誌への連載・寄稿、テレビ・ラジオ出演多数。

ＮＰＯ法人ファザーリング・ジャパン

◉——長時間労働を強いる会社と、育児に参加してほしいと願うママとの間にはさまれて悩んでいる育児世代のパパたちを支援するため、2006年設立。「父親であることを楽しもう」をメッセージに、講演会、セミナー、ワークショップ、フォーラムなどの父親支援事業を行っている。

◉——主な事業に、ファザーリング・スクール（父親学校）開催、企業・自治体と提携したセミナー・講演会・子育てパパ力検定の開催、パパどうしのコミュニティ形成支援、男性の育休取得推進（さんきゅーパパプロジェクト）、産後うつの対応と予防（ペンギンパパ・プロジェクト）、児童養護施設の子どもの自立支援（タイガーマスク基金）、東日本大震災特別支援活動（パパエイド募金）などがある。

ファザーリング・ジャパンＷｅｂサイト
http://www.fathering.jp/

パパ1年生《いちねんせい》　＜検印廃止＞

2012年2月20日　第１刷発行

著　者——安藤　哲也©＋ファザーリング・ジャパン©
発行者——斉藤　龍男
発行所——株式会社かんき出版
東京都千代田区麹町4-1-4西脇ビル　〒102-0083
電話　営業部：03(3262)8011(代)　編集部：03(3262)8012(代)
FAX　03(3234)4421　振替　00100-2-62304
http://www.kankidirect.com/

ＤＴＰ——有限会社ムーブ
印刷所——凸版印刷株式会社

ISBN978-4-7612-6815-2 C0077